海上争霸：世界古代著名海战

宋　毅　编著

海洋出版社

2019年·北京

图书在版编目(CIP)数据

海上争霸：世界古代著名海战／宋毅编著．—北京：
海洋出版社，2018.7

ISBN 978-7-5210-0135-8

Ⅰ．①海…　Ⅱ．①宋…　Ⅲ．①海战-战争史-世界-
古代　Ⅳ．①E192

中国版本图书馆CIP数据核字(2018)第140889号

责任编辑：肖　炜　赵麟苏

责任印制：赵麟苏

海洋出版社 出版发行

http://www.oceanpress.com.cn

北京市海淀区大慧寺路8号　邮编：100081

北京朝阳印刷厂有限责任公司印刷

2019年1月第1版　2019年1月北京第1次印刷

开本：787 mm×1092 mm　1/16　印张：12.5

字数：182千字　定价：38.00元

发行部：62132549　邮购部：68038093

总编室：62114335　编辑部：62100038

海洋版图书印、装错误可随时退换

目 次

古希腊文明的生存之战：萨拉米斯海战

公元前480年9月23日，在希腊萨拉米斯海峡萨拉米斯岛对岸的埃伽列欧斯山下，波斯人筑起一座高台，在上面可以一览无遗地看到海峡的每个角落。波斯王薛西斯一世端坐在高台的一张椅子上享受着美酒佳肴，等待观看波斯船队消灭希腊船队的好戏。他身边站立数名书记官，个个毕恭毕敬地伺候着，准备将波斯征服雅典的最后一役如实地记录下来，以备胜利后论功行赏。

站在今天的萨拉米斯岛眺望海峡

古波斯帝国是人类历史上第一个真正的大帝国。公元前550年，波斯王居鲁士统一波斯全境后开始大规模向外扩张。50多年里，经过几代波斯王的征战，埃及、巴比伦、腓尼基等文明古国及巴勒斯坦、亚美尼亚和现在的印度西北部等广大地区都沦为波斯的行省或附庸。

到大流士一世统治时期，波斯帝国的疆域西到埃及，东至印度，南达波斯湾和阿拉伯半岛，北到里海及黑海一带，成为历史上第一个地跨亚、非、欧三大洲的帝国。世界五大文明发源地①中，大流士一世征服了其中三个，并逼近了第四个文明古国——希腊。大流士一世要继续西进，成为第一个向欧洲扩张的东方帝王。

古希腊神庙遗迹

“古希腊”实际上不是一个国家概念，而是一个地区的泛称，泛指一些使用希腊语的城邦。它以希腊半岛为中心，包括爱琴海和爱奥尼亚海诸岛屿、小亚细亚沿海地区、意大利南部以及西西里岛东部沿岸地带。到公元前6世纪时，这些希腊城邦已遍布地中海，达到100多个。这些城邦各自独立，彼此征战，没有一个强大到可以吞并周围的城邦。人们推崇的“希腊民主思想”之所以产生，正是因为各城邦国家间的这种关系。所有城邦都实行共和政体，其中有以斯巴达为代表的贵族政治和以雅典为代表的民主政治。不论是哪种政体，都是奴隶主有话语权，奴隶和外来人是没有话语权的。

① 国际学术界公认的一种说法，分别是古巴比伦、古埃及、古印度、古希腊和中国。

那时候的民族概念与现在不同，人们只效忠于自己居住的城邦。没有外来种族入侵时，城邦之间相互攻伐；当有外来种族入侵时，各城邦也不是都集合在同文同种的旗帜下，而是各有各的盘算。这与同时期的中国中原地区一样，中原人只效忠于自己的王侯，彼此杀伐；不同的是，那时能够入侵到中原腹地的外来种族几乎没有。

公元前500年，小亚细亚的爱奥尼亚的米利都等希腊殖民城邦发生反抗波斯的起义，雅典派出25艘战船前往支援。波斯镇压了这些起义后，以此为借口准备进攻希腊。公元前492年，大流士一世派女婿玛尔多纽斯率领一支庞大的陆、海军队渡过赫勒斯滂海峡（也就是现今的达达尼尔海峡），征讨希腊。

进军初期，一切都很顺利，但当波斯船队航行到阿托斯山下时，灾难降临了：一阵猛烈的海风向波斯船队刮来，将战船刮向阿托斯山，使其被山体撞得粉碎。大风过后，海面上到处漂着木板、船只残骸、粮食和波斯人的尸体。300艘船只几乎荡然无存，2万人葬身海底，这样的损失使波斯海军无力完成作战任务。与此同时，波斯陆军也在与色雷斯人的战斗中损失不小，统帅玛尔多纽斯本人也负了伤，只得率领损失惨重的队伍返回小亚细亚。波斯第一次远征希腊就这样失败了。

这次远征后的两年里，大流士一世积极备战，他命地中海沿岸城市修造战船，同时派人前往希腊各城邦索取表示降服的水与土。希腊北部多数城邦向其进献了水和土，表示归顺。雅典人却把波斯使者扔到山崖下摔死了，斯巴达方面则把波斯使者塞进井里淹死。一个让使者吻土而死，一个让使者呛水而亡，这更惹怒了大流士一世。

公元前490年，大流士一世派达提斯率领600艘三列桨战船和10万大军再次征讨希腊。这次波斯人接受了两年前的教训，用战船装载陆军绕过阿托斯山，穿越爱琴海的岛屿直冲希腊半岛。波斯海军运载陆军在马拉松平原登陆后，一部分战船向雅典航行，准备进攻雅典城。

结果在马拉松一战，达提斯率领的3万多名波斯步兵被1万名雅典步兵（另有上千名普加提亚援军）打得丢盔弃甲，溃不成军，阵亡6400人。雅典军队乘胜追杀至海边，残余的波斯士兵登船逃走，7艘波斯战船被俘。希腊人在马拉松大捷后，立即派了一个信使带着胜利的消息跑到雅典报捷，同时迅速回师，在另一批战船上的波斯军队登陆进攻之前到达了雅典。波斯军队只得撤回老窝。

马拉松之战的胜利改变了希腊人的命运，希腊人获得了前所未有的民族自信心。作为打败波斯陆军的主力军，雅典威名远扬并成为希腊城邦中的强国。这就是第二次希波战争，这一次，双方的海军没有面对面交锋，但波斯船队展示了海军在战争中的重要作用。

在马拉松的失利对于庞大的波斯帝国来说，不过是小菜一碟。若不是大流士一世在随后镇压埃及起义时死去，他一定会亲自率领大军再次出征雅典。大流士一世死后，其子薛西斯一世子承父业。薛西斯一世和父亲不同：大流士一世仁厚疏旷，薛西斯一世处理朝政却是严谨缜密、雷厉风行，他坐上王位后很快便征服了埃及。但薛西斯一世不像他父亲那样仇视雅典人，他本不想征伐希腊，可在玛尔多纽斯为首的一群波斯贵族和几个逃到波斯的希腊失势贵族的煽动下，他决定远征希腊。

一切准备就绪后，公元前480年春天，薛西斯一世召集各方附庸势力，亲率由步兵、骑兵和海军组成的大军（规模号称百万人）远征希腊。波斯陆军从赫勒斯滂海峡进入欧洲；在海上，由埃及、腓尼基和波斯出动的1207艘战船、3000多艘运输船组成庞大的船队，也气势汹汹地扑向希腊。

面对强大的波斯军队，一些希腊城邦臣服了，并派兵派船跟着波斯军队征讨。由于他们的臣服，波斯大军顺利通过色雷斯和马其顿，从希腊北部向雅典攻来。以雅典和斯巴达为首的一些城邦派出代表聚集在科林斯地峡的海神波赛冬神庙，讨论如何抵抗波斯人的入侵。他们决定结成同盟并组成联军，推举斯巴达为同盟盟主。希腊联军共集结了陆军11万人、战船400艘，这个数量远比波斯大军少。他们先派出一支7000多人的步兵前往雅典的门户温泉关阻击波斯军队，同时派200余艘战船驻守优卑亚岛北端的阿提密西安海角，以求当波斯船队迂回时，诱敌进入阿提卡与优卑亚岛之间的欧里巴斯海峡，利用狭窄的海面与波斯海军打一场海战。

波斯海军一路航行，在一天傍晚靠岸扎营，一部分战船被拖上岸，还有很多船只停泊在海边过夜。这天夜里天气本还不错，可是到了黎明，一场剧烈的风暴忽然自东南而至，这就是著名的“赫勒斯滂飓风”。波斯海军不懂当地气象规律，对风暴毫无防备。一些船只的停泊位置距岸较近，船员有时间把船拖到岸上，从而保全了船舶；而很多船舶却被狂风巨浪扯断了锚链拖向大海，然后再甩回陆地，一艘艘战船就这样被撞碎了。

风暴持续了三天，400 艘波斯战船成了碎片，沉没的小型船舶更是难以计数。

虽然波斯海军损失不小，他们的陆军还是进抵温泉关。希腊同盟盟主、斯巴达国王列奥尼达率300 位斯巴达勇士及 7000 名士兵死守通往希腊的门户温泉关。骁勇善战的希腊士兵凭借温泉关险要的地形击退了波斯军队的多次冲锋，使敌人死伤惨重。后因希腊人埃菲亚特斯的出卖，波斯军队从另外一个山口突破希腊联军防线，迂回到其背后。

因腹背受敌，继续打下去温泉关失守也只是时间问题。列奥尼达命令希腊士兵撤退以保存实力，他自己率领 300 名斯巴达勇士坚守温泉关阻击敌人。这些斯巴达勇士以死相拼，全部阵亡，斯巴达国王列奥尼达也在战斗中“我以我血荐轩辕”，英勇地牺牲了。他们青史留名，可现今很多人不知道，与列奥尼达和 300 名斯巴达勇士一起壮烈赴死的，还有自愿留下来的 700 名铁斯匹亚人和 400 名底比斯人。

希腊重装步兵与波斯人浴血战斗

在温泉关血战的同时，风暴后重整旗鼓的波斯海军到达了欧里巴斯海峡北端入口处。他们先派出 200 艘腓尼基战船绕过优卑亚岛，计划到达优卑亚岛南端入口处后北上进入海峡，对希腊船队形成南北夹击之势。不料，这些战船当晚航行到优卑亚岛东南海面时，因遭风暴袭击全部沉到了海底。

希腊海军在阿提密西安只有少量五列桨战船，271 艘三列桨战船；波斯海军出征时有 1207 艘三列桨战船，在风暴中损失了一部分后，色雷斯人给补充了一些。在战前，波斯海军大约有 900 多艘战船。

面对强大的波斯海军，希腊联军的海军统帅、斯巴达贵族欧律比亚德起了撤退的念头。希腊海军一旦撤走，本地居民优卑亚人连带着自己的财产、妇孺撤走的时间都没有。他们不能说服欧律比亚德，就提着 30 塔兰特①金子来找雅典海军统帅地米斯托克利。地米斯托克利是个足智多谋的人物，他在雅典所起的作用现在暂且不表，先说他如何处理优卑亚人奉上的金钱。地米斯托克利收下了优卑亚人的金子，他拿出 5 塔兰特给了统帅欧律比亚德，又给了科林斯海军司令阿迪曼托斯 3 塔兰特。这两位收下金子后便不再提撤走的事情了。

这件事日后被一些人认为是三个人受贿，那时一艘三列桨战船上全体船员一个月的军饷才 1 塔兰特金子，这三个人收了这么多金子，难免不让后人说三道四。也有人说这不是贿赂，而是优卑亚人给的军费，从古至今有几个白帮忙的？既然优卑亚人给钱是为争取时间带着家产和老幼撤退，他们收了钱打上几天也是合情合理的。

在金子的作用下，希腊海军即将与波斯海军开战。这可是双方第一次真刀真枪地摆开阵势厮杀。

战争中天气因素是第一位的，对于海战来说，天气对双方的影响都一样。第二位因素是地形，海面是平坦的，没有地形可以利用，但海战区域狭窄时，边缘的陆地可以拿来做文章。海战中船队的侧翼比较薄弱，如何保证侧翼的安全很重要。于是，在阿提密西安海战中，希腊船队在大陆与优卑亚岛之间的狭窄海面列成战阵，依托陆地保护侧翼不被攻击，这样就利用了靠近陆地的有利之处。

接下来就看双方的技战术水平如何了。

战船机动性强，可以迅速投入战斗，静止不动没有任何好处，因此，机动性对于战船的防御与进攻都非常重要。当战船交战时，各自并排列阵前进，双方战船会头对头互相冲撞。如果水手操船水平高，就可以保持各

① 希腊语中“塔兰特”是“秤”“天平”的意思，1 希腊塔兰特的重量约为今天的 26 千克。

船的间隔，并拥有一定的机动空间，维持战斗队形到达对方战船的翼侧并实施撞击。当双方战船交织在一起时，士兵经常用钩子钩住敌船。接下来，双方战船上的士兵就投入接舷战斗了。

希腊战船即使依托两边的陆地布阵，列成的战线也很单薄，必须合理使用兵力对抗敌人。波斯海军率先发起了进攻，一些波斯战船为突破希腊船队的战线，企图以数量优势集中多船攻击单艘希腊战船。但它们刚从希腊船队前排的间隙通过，就遭到了第二线希腊战船的攻击，两侧受袭。

双方激战至天黑收兵，希腊船队俘获 30 艘波斯战船。此后的两天，双方继续交战，波斯海军的损失比希腊海军大。但希腊人明白，这样正面硬拼下去，自身消耗不起。恰好传来了温泉关失守的消息，希腊海军将领们认为陆地关隘失守，海军在此地再战已经没有意义。为保存实力，希腊海军撤向萨拉米斯海峡。萨拉米斯海峡位于雅典西南方，海峡出口处的萨拉米斯岛是一个小岛，将海峡分为两个出口，出口处海面狭窄，最宽处只有 1200 米。萨拉米斯海峡曲折狭窄，最宽阔的地方不过 2000 米。

地米斯托克利率船沿海岸航行，只要有机会就命人在附近寻找矗立的岩石，并在上面刻下留言，呼吁投向波斯人的爱奥尼亚人回归希腊联军阵营；即使做不到，也要尽可能在作战中干扰和妨碍波斯人。他希望这些文字能使爱奥尼亚人反正，或者让波斯人怀疑他们的忠诚。

温泉关失守后，希腊联军陆军部队退守伯罗奔尼撒半岛的科林斯地峡。科林斯地峡是伯罗奔尼撒半岛通向希腊大陆的唯一陆上通道，最窄的地方只有六七千米，希腊人打算在那里筑起一道墙打防御战。

波斯大军逼近雅典城，雅典人恐慌了。按照希腊人的风俗，战前要求神谕，他们首先想到的便是这个。德尔斐的阿波罗神庙是全希腊人共同信奉的圣地，神庙的女巫扭动肢体，梦呓般地喊出了最神圣的阿波罗神谕：

不幸的人们啊，你们为什么还在这里？

飞，飞，飞离你的家园！

飞到大地的尽头吧。

叙利亚人的战车将载来火和战神阿瑞斯的愤怒，毁掉你们的城市！

这是让人绝望的预言。但是，另一则神谕则让他们看到了微弱的希望：

当一切都被夺去的时候，
宙斯终将给你们一座不破的木墙。
它会保护你们和你们的子孙。
切莫停留，大军正从大地的尽头开来……
你们应当把背转向他们，
不过，终有一天你们将激战。
神圣的萨拉米斯啊，
在播种和收获之际，你将使人毁灭。

木墙？什么木墙？长者认为：木墙指的是雅典卫城周围的木栅。地米斯托克利却站出来说："卫城的栅栏并不是神谕中说的木墙。留在那里只会白白被波斯人屠杀。雅典人确实有一座不破的木墙，但不是任何木栅、任何城墙。真正不破的木墙在那里！"他的手指向雅典船队停泊的方向："那些战船才是雅典人最坚固的壁垒，才是雅典人永不会被攻破的木墙！雅典人只要跳上战船，扬帆远去，那么他们总有一天能在海洋上打败波斯人，光复自己的家园！"

这时候，雅典娜神庙的祭司报告了一件怪异的事情：神庙圣匣里供奉的雅典娜女神的圣物——一条蟒蛇不见了！这意味着雅典守护神雅典娜已和她的圣物一起离开，不再保护这个城市了。祭司也食人间烟火，谁知道这些事是不是地米斯托克利买通了祭司干的！

地米斯托克利借此神谕，更有理由逼迫议事会了。议事会通过决议放弃雅典城，举国撤到萨拉米斯岛，然后由希腊海军利用萨拉米斯海峡地形与波斯海军决战。大部分雅典人弃城出走，去了特洛伊真（Troezen），一部分坚持不走的人上了卫城。希腊海军的 360 艘三列桨战船、7 艘五列桨战船全部集中在萨拉米斯海峡。

波斯军队冲进雅典城内，杀死所有留下拼死抵抗的雅典人，然后大肆劫掠并纵火。把雅典城洗劫、烧光后，他们又追到萨拉米斯岛对岸。波斯战船也向萨拉米斯海峡东南的帕列隆港集结。

20 世纪 50 年代，一个特洛伊真农民挖出了一块石头，并把它当作门前的台阶。1959 年，他把石头送给了附近学校的一位老师。后来，这位老师在一次展览中把这块石头也作为展品展出。一位美国教授参观展览时发现这块石头很有价值，他翻译了刻在上面的铭文并连同石头的照片一起公之于世。这段铭文就是著名的“地米斯托克利法令”。

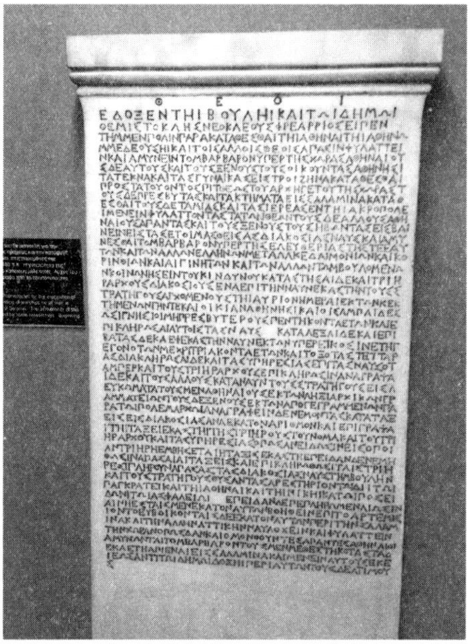

“地米斯托克利法令”铭文

铭文如下：

诸神在上，以下决议已经议事会、公民大会通过。

由斐瑞利欧村社的尼科勒斯之子地米斯托克利建议：

关于防卫及抵抗异邦人入侵之事宜，我们把城市交给雅典的守护神雅典娜以及其他所有神祇。

所有雅典公民以及在雅典生活的外邦人，必须把他们的妻子、儿女都转移到特洛伊真，交给我们的建城始祖忒修斯。老人和动产必须转移到萨拉米斯岛，而神庙司库和祭司必须留在卫城，以保护神的财产。

所有达到年龄的雅典人和外邦人必须登上已准备好的200艘船，和斯巴达人、科林斯人、厄基那人以及那些愿意分担危险的人一起，为了他们自身以及所有希腊人的自由，去抗击异邦人。

那些在雅典有地产和房产的，有合法子女且不超过50岁的人，将军们明天要从中选出200位船长，以抽签的方式为他们每人指定一艘船。将军们还要为每艘船指定10名20岁以上、30岁以下的士兵，每艘船还要指定4名弓手。在指定船长的同时，将军们还要为每艘船指定相应的专业军士。另外，将军们还要为每艘船指定桨手，并公布桨手的名单。雅典桨手应从各村社登记处的报名中选择，外邦桨手应从他们在波勒玛克那里的报名中选择。将军们要召集这些桨手，并分成200组，每组180人。公布桨手名单时要注明每组对应的船名、船长的名字、专业军士的名字，以便桨手去各自的船报到。

当完成了桨手的分组并以抽签的方式为所有战船都指定一组桨手之后，

议政会和将军们要向全能之神宙斯、胜利之神雅典娜、保护之神波赛冬献祭，随后全部200艘船都按议事会和将军们的命令开始装备。当200艘船全部装备完毕，其中100艘要去支援优卑亚岛的月神岬，另外100艘要分布在萨拉米斯岛以及阿提卡其余地区的四周，停泊在锚地并保卫国土。

为了保证全体雅典人民一致抵抗异邦人的决心，那些被判处10年流放的人必须来到萨拉米斯岛，直到公民大会对他们作出新的决议；那些被判处剥夺公民权的人必须……

铭文清晰可辨的记载到此为止，这已经足够了。这段文字公之于世后，专家们对其真伪各抒己见。有人认为，这是后人根据自己的想象刻上去的，并非地米斯托克利当年在雅典议事会决定撤离后颁布的真实法令，而法令本身可能是存在的。公元前4世纪，雅典著名演说家德谟斯提尼就曾提到，当时有人给雅典的年轻人宣读过一份“地米斯托克利法令”，以激发他们的爱国热情。

仔细读这块石头上的铭文，可以看出撤离雅典是有计划、有步骤的，而且是温泉关失守之前就计划好的。

9月21日，雅典被攻占的当天下午，希腊海军将领开会商讨对策。参加会议的将领们惊恐万状：波斯人的战船太多了！

当时波斯战船的具体数量难以说清，只能进行大致估算：波斯海军刚出发时集结的战船为1207艘（在出发前，薛西斯一世曾经举行过阅兵式，这个数字应该是比较准确的），后来在两次风暴中损毁了600艘，在阿提密西安海战又损失了一些。这期间，波斯海军从新征服的城邦中大量征发战船补充海军。现在，波斯海军无论如何也有800艘战船，这个数量比希腊方面的300多艘战船多得多。

悬殊的力量对比使希腊海军将领们胆战心惊，有些将领不等会议结束就跑了出去，登船扯帆准备逃跑。在大家的吵嚷声中，希腊海军统帅欧律比亚德决定：希腊海军明天将撤出萨拉米斯岛，前往科林斯地峡海域，配合陆军打防御战。

地米斯托克利的态度与阿提密西安海战前一样：坚决反对撤退！不过，这次不是因为谁给了他钱，他是从雅典的利益出发反对撤退：如果海军撤到地峡附近，萨拉米斯岛上从雅典撤出的居民必将成为波斯人的俘虏。

晚上，地米斯托克利拜访了欧律比亚德，恳求重新召开一次会议。欧律比亚德是个没主见的人，很容易被左右意见，便同意召开第二次会议。

后世复原的带有青铜撞角的希腊战船

第二天，会议召开。会上，地米斯托克利不等别人发言，就发表长篇演说，提出几个必须在萨拉米斯海峡进行海战的理由：

如果在科林斯地峡附近的海面上与波斯人作战，波斯海军拥有数量优势，希腊海军很可能被击败。一旦战败，不论科林斯地峡的防御工事多么坚固，都挡不住数量庞大的波斯陆军，全希腊都有被波斯人奴役的危险。而萨拉米斯岛东面的海面比较狭窄，狭窄的海面更不利于波斯海军发挥他们战船数量上的优势。希腊人在战术和勇气上具备优势。一旦击败波斯海军，不仅可以保护在萨拉米斯岛上的雅典人，而且可以保卫伯罗奔尼撒。没有海军提供补给，数量庞大的波斯陆军只能仓皇撤退。

如果希腊海军离开萨拉米斯岛，等于将雅典城的帕列隆港永远让给波斯人，他们会利用这个港口转运粮食和战争物资；其陆军则可以在港口登船直接绕过地峡，登陆攻击伯罗奔尼撒半岛的沿海各地。战火将烧到伯罗奔尼撒人的家乡！

地米斯托克利滔滔不绝地说着，众将却听得不耐烦。欧律比亚德作为司令没有主见，却很好面子，地米斯托克利的抢先发言让他很恼怒。他打断地米斯托克利说："在竞赛中起跑太早，是要挨鞭子的！"地米斯托克利反唇相讥："起跑太晚的人可得不到桂冠。"

欧律比亚德火气更大了，拿着统帅权杖要打地米斯托克利。地米斯托克利动也不动地说："打吧，但要先等我说完。"欧律比亚德也只是虚张声势，他才不敢打雅典的领袖人物，何况前不久对方还给了自己一笔金子。于是，地米斯托克利继续鼓唇弄舌。

等地米斯托克利说完了，科林斯的海军将领阿迪曼托斯站出来嘲笑他："你是一个已经失去了自己城邦的人，没有资格发言。"阿迪曼托斯这话尽管是在各方为重要议题激烈争论时说的，也实在太过分了！雅典人丢了城池就没资格说话，那么，波斯人如果占领了科林斯，阿迪曼托斯自己就会乖乖地把嘴缝上？

地米斯托克利指着阿迪曼托斯恶狠狠地威胁道："是啊，你这个坏蛋。不错，我们是放弃了雅典城。可是我告诉你，我们有全希腊最大的'城市'！我们有 200 艘战船。只要我们有这些船，就可以夺取任何一座城市！"他的意思是：如果大家都同意留下来，雅典船队就拼死作战；如果撤退，雅典人将到海外去找一块立足之地。希腊船队 300 多艘战船中，雅典战船占一半以上。如果地米斯托克利真带船队走，余下的希腊海军无疑死得更快。靠实力说话比靠统帅权杖硬气得多。

正在这个时候，一只猫头鹰飞来并落在希腊战船的船头，这让希腊人决定和波斯海军一决高下。一只猫头鹰怎么会有这么大的作用？原来，按照希腊风俗，战前一切准备就绪也不能马上开战，一定要等待吉利兆头的出现。各城邦都有独特的吉利兆头：斯巴达的是秃鹫出现，而雅典的正是猫头鹰出现。于是，欧律比亚德决定全体海军留下来准备作战。

希腊将领在开军事民主会，波斯王薛西斯一世也在征求众将意见。他来到驻扎于帕列隆港的海军营地，召集各位将领议事。波斯船队要消灭希腊海军有两条路可走：一条是紧贴海岸线向前开进，那就必然经过萨拉米斯海峡，与希腊海军正面交战；另一条是绕过萨拉米斯岛，驶往科林斯地峡。

大家就座后，薛西斯一世派玛尔多纽斯向每个人征求意见，所有将领一致认为应当立刻进行海战。波斯船队是由各臣服国家的船队组成的，这些将领现在都是薛西斯一世的附庸，只能顺着主人的心思说话。他们揣测薛西斯一世一定想立刻开战，所以异口同声地赞成紧贴海岸线前进，消灭希腊船队。

只有一个女人反对！反对立刻与希腊海军交战的，是来自爱奥尼亚城邦的哈利卡纳索斯女王阿提米西亚，她靠薛西斯一世庇护才能保住王位。在那个时代，女人上战场可是件少有的事，有句老话说：上阵莫与三种人对打——和尚、道士和女人。因为这三种人本不该参与杀戮，一旦参与，一定是有些独门歪招。即使是女王也不一定要亲临前线，而这位女王亲率军队远征，现在又在众多男性将领顺着主子说话时独自站出来反对，可见她是位有胆有识的女强人。

阿提米西亚说："玛尔多纽斯，我请你转告国王，讲这话的人在优卑亚附近的海战当中绝不是最卑怯的人，在战勋方面也绝不是最差的人。但我认为应当坦率地把自己的意见说出来，也就是说出我认为对你最有益处的意见来。我要讲的话是这样的：留着你的战船，不要进行海战。因为敌人在海上的力量比你要强，就像男子的力量比女子要强一样。你何必一定要不惜一切代价而冒险进行海战呢？你不是已经达到出征的目的，占领雅典和希腊其他一些地方了吗？没有一个人挡得住你。而那些敢于和你抗衡的人们都已经得到了他们应得的下场。现在我要告诉你，我如何估计敌人今后的行动。如果你不急于进行海战，而是把你的船只留在这里，或一直向伯罗奔尼撒进攻的话，那么，我的主公，你会轻而易举地大获全胜。因为希腊人不能和你长期相持，你可以驱散他们，而他们便会逃回各自的城邦了。根据我打听来的消息，他们在这个岛上没有粮秣，一旦你率领陆军进攻伯罗奔尼撒，从那里来的船队是不大可能在此坚守的，他们将无意为雅典进行海战。相反地，如果你立刻进行海战，恐怕你的海军会遭受损失，而你的陆军也会连带遭殃的。"

女王的眼光就是独到，她点出了希腊联军的长短——希腊海军实力比波斯海军强，弱点在于希腊联军的一部分人是伯罗奔尼撒人。目前，联军驻扎在雅典的地盘内，伯罗奔尼撒人担心的是自己的家乡是否会被蹂躏。如果波斯陆军进攻伯罗奔尼撒半岛，这些人势必要回去保卫家乡；雅典军队就算抛下家小跟着走，在陆战中面对强大的波斯陆军也未必有胜算。而在辽阔的海域进行海战，波斯海军也不一定会吃亏，这一点也正是地米斯托克利担心和正在阻止的。

可薛西斯一世并未听取这位女王的建议，还是决定打海战。而波斯陆军也没闲着，就在这天晚上开始进逼科林斯地峡。伯罗奔尼撒半岛上所有参加了同盟的城邦，都在已牺牲的斯巴达国王列奥尼达的弟弟克里奥布洛图的领导下，派出人手不分日夜地加固地峡上的长墙。毕竟，这是他们抵挡波斯人可以凭借的最后一道工事了。

波斯陆军向科林斯地峡步步进逼、波斯船队对海峡东口实施封锁等消息传来后，希腊海军将领中“撤到科林斯地峡去”的声音又出现了。于是，大家又连夜召开了第三次海军将领会议，持撤退观点与持留下观点的两方争吵得十分激烈。地米斯托克利看这样吵下去没结果，甚至有可能让“撤退派”占上风。他想：若能招来波斯船队封锁海峡西口，那样谁也别想走了，都得留下来决一死战。

地米斯托克利趁将领们争吵，一个人偷偷溜出会议帐篷。他叫来自己孩子的男仆西琴诺斯，这人有波斯血统，会说波斯话。地米斯托克利命令他偷偷地乘船出去，带一个口信给波斯人。西琴诺斯便搭上一艘商船前往波斯船队驻地，他对薛西斯一世说：“雅典军的指挥官秘密派我来见您，其他希腊人完全不知道这件事。指挥官一向对大王有好感，宁可大王成功而不愿见他本国的人胜利。他要我来告诉大王，希腊人已经恐慌到了极点，正准备匆匆逃走。假使你现在能够阻止他们逃走，那么你就可以大获全胜。他们意见分歧，所以现在不会做任何抵抗。甚至您可以看到他们之间即将发生内讧。”西琴诺斯说完就回去了。

薛西斯一世石雕

地米斯托克利在设这个圈套时，认定薛西斯一世一定会上钩。因为希腊将领们确实争吵着要撤退，薛西斯一世即使在希腊内部有“第五纵队”，也会证实确有其事，他此时进攻是有利的；另外，薛西斯一世也会相信，地米斯托克利是在给自己留后路，一旦波斯打败希腊，地米斯托克利会因为这种出卖行为得到厚待。现在波斯阵营中就有不少希腊人，只要有利益，希腊人就可以自相残杀，波斯人对此习以为常。

薛西斯一世立刻命令：“星夜包围希腊船队，不准放走一艘希腊战船！”

9 月 22 日夜晚，波斯船队在夜色的掩护下开始行动，完成了对希腊海军的包围：200 艘埃及战船前去封锁萨拉米斯海峡西端水道，其余的波斯战船在海峡东端水道外排成三层阵列，把海峡出口封得严严实实；400 名波斯步兵占领位于萨拉米斯海峡与大陆中间的普西塔列阿岛，以便救援在海战中落水的波斯士兵。

波斯海军在夜间悄悄完成包围行动，而希腊将领还在开军事民主会。这时，一个乘船而来的人出现了。此人是有“正义者”绰号的雅典将军、地米斯托克利的政敌阿里斯提德。他以前在政治斗争中败北被流放，大敌当前，雅典公民大会决议搞“统一战线”并召回了他。

当年地米斯托克利策划了对阿里斯提德的流放，眼下大局为重，俩人谁也不想提以前的恩怨。阿里斯提德把地米斯托克利从会场叫出来，对他说：“不管是在以前别的场合下，还是在目前，我们都应该比试一下，看我们俩谁能为祖国做出最有用处的事情。”并说自己在来的路上亲眼看到希腊海军已经被包围，现在想撤退也不成了。

地米斯托克利也对阿里斯提德说出实话，称正是自己派仆人诈降，把波斯人引来的；如果自己进会场宣布波斯人的行动，将领们会认为他在诈唬。所以不如阿里斯提德去说，毕竟阿里斯提德的绰号是“正义者”，而且亲眼目击了波斯船队的行动。

于是，阿里斯提德向希腊众将说了自己的亲眼所见。同时，一艘从波斯人那边投诚过来的三列桨战船上的人也证实了这个消息。将领们这才相信是真的，只得作交战准备。

孙子说：“投之亡地而后存，陷之死地然后生。”这就是“用兵九地”之中“死地”的概念。地米斯托克利设的圈套和波斯船队的包围，使希腊人几乎陷入死地，只有与波斯血战才能活下去。

希腊联军迸发出决一死战的勇气和决心，众人一致同意在萨拉米斯海峡与波斯船队决战！

在波斯军队这边，薛西斯一世布置完毕后，认为打败希腊海军是轻而易举的，不用多操心了，就将指挥权交给波斯船队司令阿里亚比格涅，自己则在山头的高台上准备饮酒看好戏。波斯船队整夜在海峡外面守候，而希腊将士则在岸上休息，养精蓄锐。9 月 23 日拂晓，投入 1200 多艘战船、20 多万人参战的萨拉米斯海战正式打响！

拂晓时，海峡周围的大地忽然颤动了，海水也激荡起来，海浪汹涌地拍打着战船。地震了！这次地震来得突然去得也快，没有人伤亡。也许是大地在用它的颤动来敲响大战的开场锣。

波斯人还没从地震的冲击中镇定下来，一阵巨大的声音便从海峡中传出：

前进啊，希腊的男儿！

快解救你们的祖国，

解救你们的妻子儿女，

解救你们祖先的神殿与坟墓！

你们此刻是在为自己的一切而努力战斗！

那是几万名希腊战士高昂的战歌声。按照希腊风俗，开战时，战士们要高喊战斗口号、高唱战歌走向战场。现在，这战歌声中夹杂着军号声和笛声，在海峡两岸的崖壁间形成震天动地的回声，轰鸣着扑向波斯船队。

波斯船队此时起航了，几百艘战船迎着已经变成吼声的战歌冲向希腊船队。而希腊船队背靠着萨拉米斯岛，北面是圣乔治岛，南面则是昔诺苏拉海岬。岛屿和海岬护卫着其船队的两翼，使敌船根本无法从侧翼进攻。但在正面和西面，希腊船队面对着协助波斯的埃及船队。

希腊船队的正面约 3 千米，这个宽度正好让希腊战船排成两列。而 3 千米宽度对于庞大的波斯船队来说过于狭窄，他们的战船只能排成数列拥挤着作战。这个地形是上天赐予希腊人的，也是希腊人取胜的第一个有利条件。

希腊步兵作战时左手持盾以保护自己左侧的战友，最右侧的战士没有掩护，所以由最富经验的战士排在最右侧，他们也最有威望。希腊海军也按照这个传统，海军司令欧律比亚德率领 16 艘斯巴达战船为右翼，紧挨着的是 30 艘厄基那战船，他们面前是附庸波斯的爱奥尼亚人的船队；180 艘雅典战船和 40 艘科林斯战船为左翼，他们面前的对手是附庸波斯的腓尼基船队。双方中央都是其他城邦的船队。

腓尼基的三列桨战船高、大、快，冲角长而锐利，艉部装饰像是一个须发浓密的人头。雅典战船的冲角短而厚重，艉部绘有一只天鹅的脑袋；船体矮小，甲板狭窄；因为造船水平低，战船更沉重。由此腓尼基人很藐视雅典人：你们才在海上混了几年？

当双方船队接近到可以看清对方士兵挥舞的武器时，希腊船队左翼的科林斯战船忽然全速驶离战场，向海峡西面驶去！事后，有雅典人说科林斯船队没开战就逃跑，当时波斯人也是这个看法。

科林斯船队刚走，其他希腊城邦的船队也开始后退，几万支船桨倒划着，将所有希腊战船趋向萨拉米斯岛。只是在后退中，希腊战船艏部依然整齐地对准敌船，队形并没有乱。波斯人开心了：希腊懦夫！还没开战，一支船队就先逃走，接着整个船队后撤，不过撤得还算有章法。波斯船队继续向希腊船队逼近，慢慢开进圣乔治岛和海岬之间的水域。

希腊战船一直后退，眼看就要撞上萨拉米斯的海岸了。这时，一艘雅典战船忽然变倒退为冲锋，脱离本方船队冲向腓尼基船队。这艘战船的指挥官不能忍受这样怯懦的后退，他指挥自己的战船发起反击，撞破了一艘敌船的侧舷。

萨拉米斯海战中，希腊战船与波斯战船之间的冲撞

被撞破的腓尼基战船进水了，船上的弓箭手射出的箭雨铺天盖地地扑向这艘雅典战船。雅典战船试图全力后退，却动弹不得，原来是被卡住了。四

周的腓尼基战船立刻围拢过来发起撞击，用不了多久，这艘雅典战船上的所有人就要魂归大海。

此时，雅典船队发出了冲锋的号角声，全体雅典战船冲向敌船。那艘被卡住的雅典战船趁机脱身，退回了己方战阵。雅典战船与腓尼基战船短暂接战，之后又快速后退，重新排列成紧密的战线。

现在，腓尼基战船发起了冲锋。他们要插到雅典船队的空隙，然后撕裂敌人的战线，将雅典战船逐个包围起来歼灭。但雅典战船排列得相当紧密，很难插入其阵列。闯入战线的腓尼基战船也很容易被攻击，即便穿越了前面的雅典战船，也会被后面的雅典战船截击。腓尼基战船冲击了一次就退却了，雅典船队的战线丝毫不乱。

腓尼基战船再冲，再退，一次次冲锋都撼不动雅典战船的阵形。雅典人也不反冲锋，只是稳固地坚守。他们在等待此地每天上午必刮的海风。每天早上 8 至 10 时，一股海风会吹向萨拉米斯岛，到达海峡时风力可达 5 级。5 级风在平时并不算太猛烈，此时却会要了波斯人的命。而波斯人还不知道，这股“索命风”就要来临了。

希腊人蔑称波斯人是“被波浪撕碎的人”。这话并非虚言，海风真是眷顾希腊人。公元前 492 年，玛尔多纽斯率领的海军远征希腊，被风暴吞没；阿提密西安海战前，“赫勒斯滂飓风”摧毁了 400 艘波斯战船，风暴还使 200 艘绕航优卑亚岛的腓尼基战船沉没。现在海风又来了，双方都笼罩在这股海风之下，谁得利，谁受损？

腓尼基人的战船开始晃动，因其船身更高大，两舷有舷墙，所以受风面积更大。而希腊战船矮小，重心低，所以受风影响面小，在这股海风中可以稳住方向。腓尼基战船的桨手划桨产生的动力无法控制战船不受海风的推动，而且腓尼基战船艏部向南，在东风的作用下，船身慢慢地被吹得横了过来，侧舷对着雅典战船。这样一来，它们容易被撞击的部位被最大化暴露出来。

一只猎犬围着一头张开双臂站立的笨熊攻击，在它肚子上咬一口就跑。笨熊还没转过身来，屁股又挨一口。猎犬几番撕咬，笨熊开始流血，更撑不住了。雅典战船就是这样与敌船作战，它们全线出击，乘风冲向目标，准确而熟练地进行撞击。摇摆的腓尼基战船上的舵手控制不了方向，只能看着自己的战船被撞破、进水。而腓尼基战船太多，排列太密集，在海风吹动下互相碰撞；不要说协同作战，就连本方战船的相互撞击都无法避免。

雅典战船一次次地“撞”“剃”，一旦与敌船卡住，雅典重装步兵就跳上敌船甲板肆意砍杀。雅典战船上只有 4 名弓箭手，十几名重装步兵，而波斯一方战船上的士兵数量更多。薛西斯一世在所有战船上都配备 30 多名波斯步兵，这些波斯步兵大多是弓箭手，每人装备一套弓箭和一柄弯刀，一般不披甲；箭头是一种三棱宽刃带倒钩的青铜箭镞，杀伤力强大，但穿透力不足，在远距离不能穿透希腊士兵的盔甲，无法对希腊的重装步兵构成足够威胁。

而希腊重装步兵头戴青铜打造的头盔，身着胸甲和肩甲，躯干的其他部位披着鳞片甲，手持一面直径约 1 米、表面有一层青铜蒙皮的浅碟形圆盾；主要兵器是一支长约 3 米的矛，辅助兵器是一柄 60 厘米长的短剑。这样一套装备重 34 千克，分量够沉。

希腊重装步兵跳上对方的甲板后，或用长矛刺或用短剑砍，用的都是得心应手的近身格斗兵器，占尽优势。而那些波斯弓箭手的弓箭用不上、弯刀也挡不住长矛远刺和短剑近砍，身上又没有铠甲，根本无法抗击重装步兵的凌厉攻击。十几个雅典步兵跃过船舷后，没用几个回合就将波斯弓箭手统统杀死。敌船上的桨手、水手没有武器，只能束手就擒。就这样，重装步兵能够毫不费力地控制一艘敌船。

希腊重装步兵对波斯士兵的格斗优势早在马拉松战役时就表现出来，不然 1 万多名雅典步兵如何能将 3 万名波斯步兵杀得溃败？只是薛西斯一世无视马拉松战败的原因，对战术和士兵装备不加以改进，一味地依靠人多取胜。

腓尼基船队虽然受到重创，但是并没有溃败。腓尼基人拼命抵抗，努力拼凑起战线，希望出现奇迹。他们盼望着在海峡西端堵截希腊船队的 200 艘埃及战船能前来参战。如果埃及战船能够从雅典战船后面攻击，哪怕是分散雅典战船的攻击力，腓尼基人就有时间恢复自己的战线。

腓尼基人发现西方的海面上出现一队战船，正急急忙忙地向这边的战场赶来。腓尼基人心头扬起了一阵狂喜：埃及船队来了！可他们错了，从西边赶来的不是埃及船队，而是科林斯船队返回了。埃及船队没有完成薛西斯一世派给他们的任务，不知道干什么去了。原来，之前科林斯船队是奉希腊海军司令命令，前去迎战埃及船队；因为没有与埃及人打起来，就掉头回来加入东端的战斗。

这是什么精神？是主动作战的精神！这种精神本应该大加褒奖，可是战后一些雅典人不知道是出于什么心态，说科林斯船队开战时逃跑了，直到有人告诉他们希腊获胜了，他们才返回战场。有人这样说，也许是因为科林斯海军将领阿迪曼托斯在第二次希腊将领会议上争论是撤还是打时，说了蔑视地米斯托克利的话。这样非议科林斯人真是小心眼，科林斯船队不仅参加了萨拉米斯海战，还表现得非常英勇，不然雅典不会允许将萨拉米斯海战中阵亡的科林斯士兵掩埋在萨拉米斯岛上。那座合葬烈士墓刻着墓志铭：

过客啊，那多水的科林斯是我们的家乡，

而萨拉米斯的岛是我们的坟墓。

在这里，我们击溃了米底人、波斯人、腓尼基人的船队，

拯救了神圣的希腊。

科林斯将领阿迪曼托斯的墓志铭是：

阿迪曼托斯长眠于此，

他的决心，

让希腊赢得了自由的王冠。

再说战场这边，腓尼基人确认西面来的是科林斯船队后，立刻崩溃了。原本雅典战船与腓尼基战船数量相差不多时，腓尼基战船就顶不住雅典战船的攻击。现在，40 艘科林斯战船再加入进来，腓尼基人会被杀得一个不剩。腓尼基人不过是摄于薛西斯一世的淫威才来这里打仗。薛西斯一世是可怕的，如果腓尼基人战败了，他会砍腓尼基人的头，可那是以后的事，现在多活一会儿是一会儿。腓尼基人要逃命了。

开始只有几艘腓尼基战船逃跑，之后是集体溃逃。它们向北紧贴着大陆海岸，向海峡出口逃去。

在雅典人和腓尼基人打得难解难分时，希腊船队右翼也在苦战，苦战的双方却都是希腊人。

萨摩斯人曾惨遭波斯王灭族，屠杀过后，又有新的希腊移民来到萨摩斯。这些萨摩斯人不再是独立自由的，他们成了波斯忠实的奴仆。公元前 500 年，

爱奥尼亚、米利都起义反抗波斯统治时，萨摩斯人就背叛了同胞，为波斯与希腊同胞作战。现在，他们又格外卖力地与希腊海军作战。

只见两个萨摩斯船长指挥着自己的战船，在战场上来往穿梭，勇猛作战。战后，薛西斯一世重重地奖赏了他们：一个船长成为萨摩斯的“儿皇帝”，另一个被授予“波斯王恩人”的称号，得到大量封地。不知道这两个人在享受这些封赏时会不会被同胞诅咒，也许他们并不在乎，因为不单是他们在这场海战中卖力屠杀同胞，爱奥尼亚战船对斯巴达战船的攻击也十分凶猛。

爱奥尼亚人也是希腊血统，也许作为薛西斯一世的奴才，他们更需要拿出百倍的精气神和同胞作战，才好换取主子对他们的青睐。另外，希腊人血管里流淌的就是勇猛善战的血液，不管是杀同胞还是杀异族，只要是厮杀就会使出全部气力。

希腊海军统帅欧律比亚德率领 16 艘斯巴达战船与爱奥尼亚人苦苦拼杀，已经快顶不住了。斯巴达国王列奥尼达在温泉关展示了视死如归的英雄气概，也许今天欧律比亚德和斯巴达海军士兵们也要与他们的国王一样战死沙场。

正在这时，四散逃跑的腓尼基战船慌不择路，冲进了爱奥尼亚战船的阵列。海峡的水面对波斯船队来说本就很狭窄，抱头鼠窜的腓尼基战船一下子冲垮了友军的阵列。爱奥尼亚人还没有从混乱中恢复，乘胜扩大战果的雅典和科林斯的战船又冲了过来。这些战船的青铜冲角猛烈撞击爱奥尼亚战船，斯巴达人立刻士气大振。爱奥尼亚船队彻底乱了，只能遭受雅典、科林斯和斯巴达战船的轮番打击。

波斯战船的总数多于希腊战船，可能在第一线展开的波斯战船只有 100 多艘，而希腊战船有 300 多艘，这就形成以众击寡的局面。因为海面狭窄，数量众多的波斯战船只能分批进入战场。如果第一线的波斯战船得胜，后续的波斯战船可以从容地保持阵形，跟着捞好处；若第一线的波斯战船败了，后续补位的波斯战船就成为希腊战船的下一轮打击目标。这就成了军事上最忌讳的“添油战术”，进来一批被吃掉一批，再进来再被吃，如此往复最后全部覆灭。

如果薛西斯一世指挥得当、传令及时，后续的波斯战船及时稳住阵脚不再前进，或许战场形势还会有所转变。也许是薛西斯一世没有有效的传令手

在山巅宝座上目睹波斯船队惨败的薛西斯一世

段，那时的实时指挥基本靠吼，顶多是发出号角声示意。波斯海军是由各方战船组成的，没有统一操练过，也没有设立旗帜信号，战场上杀声震天，号角命令根本不起作用。而一些位于战线后排的船长，为了在薛西斯一世面前表现一番，逞能邀功，拼命向交战区中心冲，前方被打败的波斯战船又拼命向后退，造成自相碰撞。波斯船队全乱套了，战船逐艘被击溃。

当朝阳升起，薛西斯一世端坐在宝座时，他对今天的战斗信心十足。他命令书记官仔细记录作战过程，凡作战勇敢的，要厚赏；凡是怯懦消极的，一律砍脑袋。薛西斯一世要用生杀大权督促手下勇猛战斗。

薛西斯一世的每道命令都会被迅速记录下来，由信使坐上小艇传达给船队司令。但还没到正午，波斯海军司令阿里亚比格涅就不能执行薛西斯一世的命令了——他阵亡了。司令阵亡本就打击士气，何况司令的兄长就是薛西斯一世。不知道这个“斩首行动”是哪艘希腊战船的杰作。司令死了，腓尼基船队溃逃了，波斯船队其他战船不是被毁就是开始逃跑。

薛西斯一世愤怒了，尊贵的他不能登上战船杀敌泄愤，但可以杀手下人发泄愤怒。恰在此时，几个丢了战船的腓尼基船长爬上海岸，卫兵立刻把他们带到薛西斯一世面前。腓尼基船长们知道自己战败了，薛西斯一世会要他们的脑袋，一定要找个理由不让自己的脑袋搬家。

他们跪在薛西斯一世面前捶胸顿足，号啕大哭，哭诉自己开战时是多么勇猛："雅典人被打得已无招架之力，马上就要大功告成，可爱奥尼亚人却反叛了！爱奥尼亚人原本就是希腊人，他们一定是看到了地米斯托克利刻在阿提密西安海边岩石上的字，起了反水的心；他们不敢杀波斯人就杀腓尼基人邀功。腓尼基人不怕与希腊人正面死拼，但防备不了背后捅来的刀子……叛徒太可恨，大王要明察秋毫，给腓尼基人做主。"

薛西斯一世知道那些岩石刻字的事，他才不上地米斯托克利的当。以前他在那些希腊奴才面前从没提过此事，现在腓尼基人告状来了，总得给个说法。

薛西斯一世先不表态，他需要真正的证据。这时，薛西斯一世身边的随从指着交战区的一个地方，请他注意看。薛西斯一世和身后拥簇的贵族们看得很清楚：一艘波斯战船冲向雅典战船，并勇猛地撞击，雅典战船当场被击沉。这时，一艘希腊联军战船赶来助战，拦腰撞坏了那艘波斯战船。波斯战船沉没前，船上的士兵跳上对方的甲板，吼叫着投掷出标枪，把敌船士兵全部杀死。这些波斯海军士兵的战船沉没了，但他们击沉了一艘雅典战船，并俘虏了一艘战船。而他们用希腊语发出的胜利吼叫，在周围溃败的波斯战船中显得格外响亮。所有人都明白了，这些勇猛杀敌的正是爱奥尼亚人。

薛西斯一世吼道："把这些造谣犯、懦夫全部砍了！不能允许懦夫诬告勇士！"卫兵立刻让那些腓尼基船长的脑袋搬了家。

腓尼基船长们的鲜血洒在了埃伽列欧斯山下，这让薛西斯一世得到了宣泄。与此同时，另一些波斯士兵的鲜血洒在了普西塔列阿岛上，让"正义者"阿里斯提德建立了功勋。

双方海军在海上血战，岸上的陆军也紧张地关注着战事的进展。昨晚有400 名波斯步兵奉命登上普西塔列阿岛，他们的任务是配合海军拦截逃跑的希腊人并搭救己方落水者。可是现在他们在海边列成战阵，只能听到远处的喊杀声：开始是混乱的喊声，后来希腊人的喊杀声逐渐压倒了波斯人的声音。海面漂来的不是希腊士兵的尸体和跳水逃跑的希腊士兵，而是波斯士兵的浮尸。他们困惑了，难道己方海军败了？

在萨拉米斯岛的海岸上，雅典陆军士兵也在焦急地观望着。他们发现希腊海军开始占上风了。眼看海军战友要建功立业了，这些士兵也躁动起来：咱们别闲着啊，也得干点什么！

“正义者”阿里斯提德站了出来：“想杀敌的弟兄们跟我走，上船去普西塔列阿岛！”于是，他率领士兵们搜集了许多小船，悄悄躲开海上战场，驶向海峡出口的普西塔列阿岛。

激战中的波斯战船没有发现这些小船，雅典士兵成功地包围了小岛。他们跳下船，扑向岸边的波斯步兵。400 名波斯步兵顽强抵抗，但是都被人数众多的雅典步兵砍杀，一个也没逃脱。

希腊人控制了海峡入口处的普西塔列阿岛，波斯海军被彻底地包围了。

包围圈中的水面上挤满了战船，交战双方都很难移动。希腊战船和波斯战船绞杀在一处，飞箭如蝗，火光四起，刀剑之声不绝于耳，几万名士兵、几百艘战船混成一团。阵阵喊杀声、惨叫声和金属的碰击声充斥战场上空；烟火味和血腥味飘散在战船上下；海面上，一具具尸体，一艘艘燃烧沉没的战船残骸，伴着被血水染红的海水起伏漂荡。

无数战船被撞毁，无助地在海水里打转。船员要么被敌人杀死，要么和船舶一起沉入大海。为了逃生，许多波斯士兵跳入大海，但那不过是延长了一点惊恐的时间，不会游泳的波斯士兵只能在海水里无力地挣扎，唯一的指望是友船的救助。但是，波斯战船都泥菩萨过河——自身难保，根本管不了水中挣扎的战友，这些士兵只能像石头一样沉入大海。会游泳的波斯士兵活命的机会也不多，任何一艘战船都可以让他粉身碎骨，任何一支船桨都能把他打入海底，还有无数的飞箭、长矛，随时可以自上而下要他的命。即使游到萨拉米斯岛，海岸上的希腊人也会把他砍成碎片。

等到太阳开始西沉的时候，波斯海军彻底放弃了战斗，他们冲向位于普西塔列阿岛和阿提卡之间的海峡入口，那是整个海峡最狭窄的地方。波斯战船只要冲过普西塔列阿岛，就能摆脱希腊追兵，进入帕列隆港，那就安全了。

波斯战船上的人们没有想到：普西塔列阿岛已经被希腊步兵占领。普西塔列阿岛的后面，厄基那船队正以逸待劳，等待溃败的波斯战船前来送死。

站在雅典城就可以望见隔海的厄基那小岛，那座岛屿只有 100 多平方千米。雅典与这个近邻关系很紧张，过去经常爆发冲突。双方在波斯入侵希腊之前，还打了一仗。波斯人入侵后，雅典人认为厄基那会投靠波斯，借波斯人的力量洗雪自己的仇恨。但是，厄基那人把与雅典之间的争斗和对抗外敌入侵严格区分开来。他们认为大敌当前，搁置争议，一致对外，驱逐外辱才是自己应该做的。厄基那接纳了很多从雅典城撤退的雅典人，在之前的军事会议上，只有厄基那和另外两个城邦一起支持地米斯托克利的决战提议。

海战开始时，厄基那战船排在右翼，靠近海峡入口。当海战大局已定时，他们的船队就悄悄驶离战场，布下自己的伏击圈。如果 400 名波斯士兵现在还在普西塔列阿岛上，厄基那船队驶过就躲不过他们的眼睛。一个地盘只有 100 多平方千米的城邦能有多少艘战船？溃逃的波斯战船成群结队地涌来，只要岛上的波斯士兵发出信号，逃跑的波斯战船就会有所准备，为了活命而拼死冲击，厄基那人便无法取得伏击效果。幸运的是，占领小岛的雅典步兵和主动创造战机的厄基那人在时间上配合得严丝合缝，使厄基那船队在岛后的伏击收到了最大的效果。

波斯战船刚划过小岛，厄基那战船就冲了过来。这下，逃跑中的波斯战船又遭殃了，不是被撞破就是被“剃”桨。船上的士兵头上落下的是标枪、箭镞，眼前捅来的是长矛、短剑；脚下的甲板马上就要变成碎片，即使跳海凫水，岸上的雅典步兵也等着索命。只有桨手最卖力、划桨最整齐、运气比较好的波斯战船能够夺路而逃，驶向帕列隆港。

地米斯托克利雕像

到夕阳就要收回最后一束光亮时，希腊人损失了 40 艘战船；波斯战船的损失说法不一，大致是 200 艘战船沉没，50 艘被俘。战船上的波斯士兵死伤了几万人是毫无疑问的。这样算下来，波斯战船的数量虽然还是多于希腊战船，可波斯海军的士气全垮了。阵亡的士兵尸体随着海浪漂到了岸边，几千米长的岸滩叠起了层层尸堆。夕阳、火光和波斯士兵的鲜血染红了海水，令观者胆战心惊。

当希腊战船追赶到海峡入口时，厄基那战船正在打扫战场，清点战果。他们拖走缴获的波斯战船，将还能喘气的波斯人押为俘虏，并搭救落水的战友。

厄基那将领吕克里图兴奋极了，今天他的战绩最骄人，整个希腊船队没有哪位船长能比他干得更好了：他击沉了 5 艘波斯战船，俘虏了 1 艘。吕克里图一眼看到了雅典战船甲板上的地米斯托克利，他指着这个满脸得意的家伙大声咆哮："你曾经指责我们厄基那人是和敌人站在一边的，今天就叫你看看我们是怎么战胜波斯人的！"

地米斯托克利无话可说，胜利者是无可指责的，海峡里再没有一艘波斯战船了。这个时候，希腊人已经不争吵了，只有尽情地欢呼，相互亲密地拥抱；他们点燃胜利的火把，亲吻大地母亲。

希腊人关于这次海战的记述不少，而波斯人记述这场海战过程的资料却很难找到。那么不妨看看这次海战的亲历者埃斯库罗斯在悲剧《波斯人》中的描写。埃斯库罗斯既是参战者又是个悲情诗人，他的著作虽然带有自己的想象和胜利者的得意，但还是可以从另一角度来体会当时的战况。

波斯使者向薛西斯一世的母亲阿托萨太后禀报："太后啊，那是复仇之神或者天上的恶魔，出来引发了这不祥的事。有一个希腊人，从雅典军中跑来禀告你的儿子，说当天晚上，希腊人不会严守阵地。他们想跳上船凳，偷偷地向各处逃命。

"国王听了这话，不明白希腊人的诡计，更不理会天神的妒意，他马上向全体船长宣布了这道命令：当太阳收起那普照大地的光亮时，当黄昏笼罩天体时，叫他们把主要船只紧接地排成三排，防守那海口和波涛汹涌的海峡；还用其余船队包围萨拉米斯。要是希腊人逃过了这道难关，他们的船只偷偷地遁去了，全体船长都要受斩刑。国王下令时心里十分高兴，因为他不明白天神所安排的结果。

"于是，我们的士兵听从命令，严守秩序，用过了晚餐，每个水手把桨好好地套在架上。等到日落西沉，黑夜降临时，每位水手，每位善战的士兵都上了船。这几列船队互相鼓励，驶到了各自的负责区域，每位队长都命令手下的船只通宵在港内巡游。看到黑夜将尽，希腊海军都未曾偷偷地驶出来。

“但是，等白日的光芒照耀到大地时，首先从敌方位置响起一阵吼声，像是凯旋的歌唱。同时，那岛上的崖石清晰地送来了一阵回声。我们知道中了计，大家害怕起来：因为敌人唱着庄严的战歌，并不是在逃跑，而是汹涌地冲出来接战。于是全军的战号齐鸣，他们得了司桨人的口令，那拨水的桨立刻一齐摇进水中。顷刻间他们便全体出现了。他们的右翼首先在前面领导，大队船只跟在后面。正在这时候，我们听见了一阵很长的呼声：‘前进啊，希腊的男儿！快解救你们的祖国，解救你们的妻子儿女，解救你们祖先的神殿与坟墓！你们此刻是在为自己的一切而努力战斗！’

“同时，从我们这边响起各种嘈杂的声音。这时机不可拖延，于是那铜饰的船头立刻就互相撞击起来。有一艘希腊船向一艘腓尼基战船的船身进攻，击破了我们的船艄；于是，每艘船都向敌人撞去。起初，我们波斯的长蛇船队还能抵抗，等到许多船只集中在那狭小的湾内时，非但不能彼此顾及，反而用那包铜的船头对着己方的船身撞去，撞坏了全船的桡桨。敌方的战船不肯失去良机，围着我们攻打，把我们的船弄翻了。海面上看不见水，尽是破船片和尸体；海滩上和礁石上也堆满了尸体。其余波斯战船都在纷乱中逃遁。我们的士兵就像金枪鱼或是一网小鱼，让人家用断桨和船板痛击、宰杀。

“呻吟与哀唤的声音充斥海上，直到黄昏后才停止。惨痛的事情多着呢，就叫我细数十天，我也数不完哪！但您可以相信，我们从未在一日之内损失过这么多人！

“萨拉米斯前面有一个险恶的小岛，那欢舞的山神潘时常在那海岸上流连。国王派遣精锐士兵到了那里，等败覆的希腊敌军从船上下来逃命时，好截击他们，那才容易呢；同时还可以救助海峡内的友军。哪知他算错了这个结局！因为天神让希腊人取得了海上的光荣。他们当天穿上了精良的铜甲，带着兵器跳下船来，把全岛围得水泄不通，使人们迷乱得不知向何处逃遁。敌人用石头挥击我们，那弦上飞出的利箭有如雨下，我们的士兵就这样阵亡了。后来敌人呼吼一声冲了过来，宰割我们这些可怜人的肢体，杀得一命不饶。国王坐在那海边的高山上，从他的银宝座上俯视全军。他看见了这惨败的情形，高声地号叫着。他撕破了王袍，大呼大嚷，立刻下令让他的陆军纷纷退走。”

英国诗人拜伦则写道：

一个国王高坐在石山顶，
瞭望着萨拉米斯挺立于海外；
千万只船舶在山下靠停，
还有多少队伍全由他统率！
他在天亮时把他们数了又数，
但日落的时候他们都在何处？
在万道霞光中，火红的太阳慢慢沉入大海，
和它一起沉没的，是薛西斯的梦想。

薛西斯一世的梦想破灭了，他没有想到，本想看一场波斯海军对希腊海军单方面屠杀的好戏，结果反而是己方海军惨败。担心什么来什么。大战前夜来送口信的西琴诺斯又来了。他告诉薛西斯一世：希腊船队计划前去烧掉赫勒斯滂海峡上的浮桥。

这个消息说中了薛西斯一世最担心的一件事：波斯海军战败，以后无法保证海上运输供应，波斯陆军也就不能保持作战能力；如果赫勒斯滂海峡上的浮桥再被毁，希腊船队机动到波斯人后方去切断其退路，那波斯大军想撤也撤不走了。断粮，断路……想到这些，薛西斯一世就不寒而栗。

亲眼目睹波斯船队的惨败已经把薛西斯一世吓坏了，现在后路又有被断的危险，薛西斯一世只得返回亚洲。只是玛尔多纽斯请求薛西斯一世准许他选择一部分军队，留在希腊继续作战。薛西斯一世率主力回国正需要有掩护部队，留下的部队也可以就地解决粮食问题，于是恩准了。

纪念萨拉米斯战役的雕塑

波斯海军残余的300艘

战船跟随薛西斯一世北撤，第二年春天再集结到萨摩斯监视爱奥尼亚人，防止他们叛变。

实际上，萨拉米斯的胜利之所以被后人看得很重，就是因为这场胜利使希腊人获得了制海权，这是对波斯大军最致命的一击：击败波斯海军就等于斩断了波斯大军战斗的根基，砍断了大军的脚，立足不稳的大军还经得住打击吗？而且没有后勤供给，波斯陆军就只能减少部署人数，这就达到了不战而胜的目的。如果不打残波斯海军，凭希腊陆军的人数，即使再来几次马拉松大捷，也很难使波斯陆军战斗力大减。

萨拉米斯大海战是有文字记载后，人类历史上以海战胜利得到制海权，从而控制地区霸权时代的开始。由于有了制海权，希腊的海上贸易开始繁荣，从而使战争的目的——获取利益得以实现。

波斯人的战败使许多在波斯统治下的岛屿纷纷加入希腊同盟。希腊海军在击败了波斯海军后驶向赫勒斯滂海峡，打算攻占波斯人在欧洲最后的据点——西斯塔斯。拿下这座坚固的要塞，便彻底清除了波斯人在欧洲的势力。

薛西斯一世回国后，扩张帝国版图的雄心壮志丧失殆尽，沉溺于后宫的享乐，变成了一个凶残、倦怠、昏庸的帝王，在杀人和游戏中度日。15 年后，即公元前 465 年，他被身边的一个太监杀死。公元前 449 年，希腊海军在塞浦路斯岛附近再次打败波斯海军。双方签订和约，波斯承认小亚细亚希腊诸邦独立，放弃对爱琴海和黑海一带的统治权。第三次希波战争至此结束，波斯帝国退回了陆地，从此再也没有进攻过希腊本土。

中日第一战：白江之战

新兴的唐帝国以无比灿烂的活力与爆发力，几乎剪除了国内的敌对势力，唯独与辽东地区的“海东三国”陷入一系列政治、军事纠葛，日本亦牵涉进来，最终在朝鲜展开了一场决定当时整个东北亚政治秩序的大战。

所谓的“海东三国”即高句丽、百济、新罗三国，高句丽（最初写做“高句骊”）这个民族是我国东北大地上的一个土生土长的原住民族，是由居住在我国东北的秽貊族中分离出来的一个支系，所以又被古代史家称为“貊人”。它作为族名在西汉初年就已经存在，当汉武帝统一卫满朝鲜之后，在玄菟郡中设立了高句骊县，从此，高句骊才作为地名为人所熟知。高句丽族在始祖朱蒙的带领之下建国，建都纥升骨城，其辖地基本在汉朝的高句骊县内，是我国境内的一个边疆小王国。直到西晋末年，天下大乱，中原王朝再也无力压制境内的少数民族，此时高句丽乘机在辽东兴起，领土不断南扩，最终侵占了整个辽东，成为拥有辽东和朝鲜半岛北部的地区大国。

在高句丽割据我国辽东以及今朝鲜半岛北部的时候，朝鲜半岛的南部处于百济和新罗这两个国家的统治之下。在朝鲜半岛的南部，有马韩、辰韩和弁韩这三个民族，简称“三韩”。史载，马韩有54国，共十余万户；辰韩和弁韩各有20国，共计20万户，有近百万人口。“三韩”是现在朝鲜民族的直系祖先，也是如今韩国国名的渊源。有史书记载，“三韩”是战国时代从中原逃难至朝鲜半岛的移民与当地土著融合形成的。“三韩”在朝鲜半岛南端繁衍生息，之后辰韩建立了新罗国（后又吸收了弁韩），而以马韩为主体、高句丽王族为首领的百济也得以建国。从此，朝鲜半岛进入了三国时代，这三个国家中的主体民族都不一样，互相之间没有继承关系。

从隋帝国开始，中国结束了东汉末年以来的混乱，再次成为一个统一的国家。因高句丽一直未臣服中原，甚至先发制人攻打辽西军事重地，自隋文帝起，隋朝多次出征高句丽。其中，隋炀帝杨广指挥的三次征讨，劳民伤财，耗费国力，却徒劳无功，导致民不聊生，政权崩溃，最终被唐帝国取而代之。当统一的唐帝国兴起之后，高句丽依然不遵藩礼，还遣使前往漠北，挑唆外邦与唐朝关系，后来双方亦连番大战。相对唐朝，身处朝鲜半岛的百济国因其王族与高句丽人是亲戚关系，因此在国策上一直对唐朝阳奉阴违。而朝鲜半岛最南端的新罗，一直是高句丽与百济国联合打击的对象，后来不得不投靠唐朝，成为唐朝在此区域的仆从国。

相对于高句丽、新罗、百济这三国来说，在海峡另一边的日本一直是一个极其特殊的存在。

自中国东晋末期到南北朝时期，在日本的大和地区（今日本奈良县一带）出现了一个以“大王”为核心的统治集团，先后出了五位大王向中国南朝朝贡，后世称为“倭五王”。他们所处的时代可以称为“倭五王时代”，也就是所谓的“古坟时代”①，此政权也被称为“大和政权”。

日本大王（即日本天皇）到底是从哪儿来的呢？日本古代统治者编造了一系列神话，说天皇的祖先是太阳女神天照大神的外孙降临人间，号称“天孙族”，打败了大国主（日本的神灵）的子孙出云族。后来，一部分历史学家摆脱神话色彩，尝试还原历史，但依然使用了“天孙族”的概念。他们认为日本古代有一个名为“天孙”的民族，从九州岛入侵到大和地区，并将大和地区原有的民族出云族驱逐。

其实，日本所谓的天孙族和出云族同出一源。只不过出云族原本居住在大和地区，并且信仰铜铎文化。但是在西方铜镜文化势力的入侵和影响下，出云族中有一部分人抛弃了原有的信仰，而投向铜镜文化信仰，并吸收其优点，建立起新的信仰体系。他们不但打败了敌人，还将同族的旧信仰者一并驱逐。所以，才会产生所谓“天孙族打败出云族”的故事。

后世的日本天皇家族，就是“倭五王”的后代。“大王”名义上是日本列岛的最高统治者，而当时日本岛内存在很多文明程度相对较低的势力，例如九州岛上的熊袭、隼人、土蜘蛛以及日本东北部的虾夷。

大和政权以大和地区为根据地，向四处扩张来逐步建立权威。他们首先

① 日本的古坟时代从公元250年开始，迄于公元592年，因当时统治者大量修建坟墓而得名。

征服了入侵大和地区的西部势力，然后西进征服九州岛北部。到了公元 4 世纪中叶，大和政权的势力还侵入朝鲜半岛的南端，出兵征服了当时新罗的弁韩之地（今庆尚南道），并建立地方统治机构。

大和政权不断地从朝鲜半岛掠夺大量的技术人员和劳工，并且在朝鲜半岛南侧进行大规模的铁矿开采。对于大和的侵入，新罗和百济无力抵抗。当时，百济采取了对大和臣服的态度，企图借助大和的势力对抗北方强邻高句丽，侵吞新罗国。与百济相对的是，新罗联合了高句丽，与大和进行对抗。大和的数次进攻在高句丽的广开土王（好太王）的打击下被击败。不过，大和虽然北侵失败，其实力依然不容小觑。

在日本势力侵入朝鲜之后，日本国内也在谋求对朝鲜占领区统治的政治合法性，而当时东亚公认的标准便是中国的官方认可。因此，在日本的“倭五王时代”，不断派遣使者到中国南朝请求对朝鲜统治权力的册封，可是均没有达到预期的目的。

到了公元 5 世纪后半叶，日本的国力衰退，随之而来的是在朝鲜半岛的统治力下降。在公元 6 世纪，大王朝廷为了挽回局面，曾几次远征朝鲜，但均未成功。公元 562 年，日本在朝鲜半岛的根据地也被新罗所攻占。对朝鲜的扩张失败在日本激起了一系列政治变局，后来上台的圣德太子进行了建立中央集权国家的改革，并在公元 600 年派兵征伐新罗。战争虽然获胜，日本却没有取得多少实际利益。两年后，日本又发兵 25 000 人，企图再征朝鲜，可是中途失败。此时，日本在朝鲜的势力已经是明日黄花，风光不再了。

日本当然不会就这样死心，军事力量不足，那只有用政治力量来弥补。于是，日本搞了一个“平等外交”的把戏。在隋大业三年（607 年），倭王多利思比孤遣使向中国朝贡，呈递的国书在中日关系史上非常著名。其实，这封国书的内容很普通，不过是要派人学习佛法，可是在称呼方面却写有“日出处天子致书日没处天子，无恙”。人们一般认为，这是日本力图消除“倭五王时代”接受中国册封的影响。就当时的东北亚政治局势来看，日本方面这样做有两种考量：首先是企图借助与中国的“平等外交”来向新罗示威，让新罗对日本也能毕恭毕敬；其次，在日本看来，周边的新罗、百济都是居于其下的朝贡国，所以在对中国的关系上，就不可能继续接受新罗、百济那样的册封。可是，这种企图对于隋朝而言，显然不可能被接受。在中国历史上，内臣如果无礼可以直接刑杀，外臣（属国）无礼的话，下场最惨的就是被灭国了。隋文帝击突厥、隋炀帝征高句丽，唐太宗平突厥、灭高昌，高仙芝灭石国，讨伐罪名中很重要的一条就是“无藩臣礼”。因为当时隋朝和高句丽之间关系紧张，使得此事仅让隋炀帝“不悦”而已，而且他依然在次年遣裴世清回访日本，就是为了不让与日本的关系影响到对高句丽的战争行动。日本这次外交行动的历史影响是比较大的，但是就当时而言是彻底失败了，因为隋朝回派的使者所递交的国书当中，依然将日本看作朝贡的属国，身份地位根本没有发生变化。

日本的企图虽然破产了，但其对朝鲜半岛的野心从来就没有停止过，这种野心（在笔者看来，简直可以称之为“怨念”）甚至一直延续到了千年之后。就当时而言，隋帝国征讨高句丽的行动虽然失败，但是取而代之的唐帝国以更强大的实力延续了隋帝国的意志，当然也不允许日本对朝鲜半岛进行染指。而日本不断膨胀的野心又不能正确地自我约束，在这样的情况下，中日两国交手只是时间问题。

唐显庆五年（660 年）三月，百济依靠高句丽援助，大举侵犯新罗，新罗王金春秋向唐高宗上表求救。百济这次的进攻实在是自寻死路，在唐太宗征高句丽的时候，新罗发兵 5 万相助，并攻取了高句丽的水口城。可是，百济又跟在隋朝伐高句丽时那样，再度偷袭新罗，攻取了新罗 7 座城池，导致原先南北夹击高句丽的计划变成了唐军单方面的攻城拔寨。唐军最终功败垂成，不能不说跟百济这种“螳螂捕蝉，黄雀在后”的做法有极大的关系。百济这样一而再、再而三地破坏中原帝国的行动，最后被灭国自然怨不得别人。另外，百济与唐朝的山东半岛隔海相望，地理位置极其重要。攻占了百济之后，唐军就可以拥有一个高句丽南面的陆上进攻基地，不用每次征讨都走“华山一条路”，战略上能够形成夹击，直接威胁高句丽的首都平壤。因此，百济这次“撞枪口”的行为正中唐朝的心意，于是唐朝以超高效率通过了讨伐百济的决议，并在不到十天的时间就准备好了征伐所需。

三月十日，唐高宗以在西域出尽风头的左武卫大将军苏定方为神丘道行军大总管，金仁问为副大总管，率左骁卫将军刘伯英、右武卫将军冯士贵、左卫将军庞孝泰等10万大军，分水陆两路，讨伐百济；又以新罗王金春秋为嵎夷道行军总管，率新罗之众，与唐军合势，对百济实施东西夹攻。

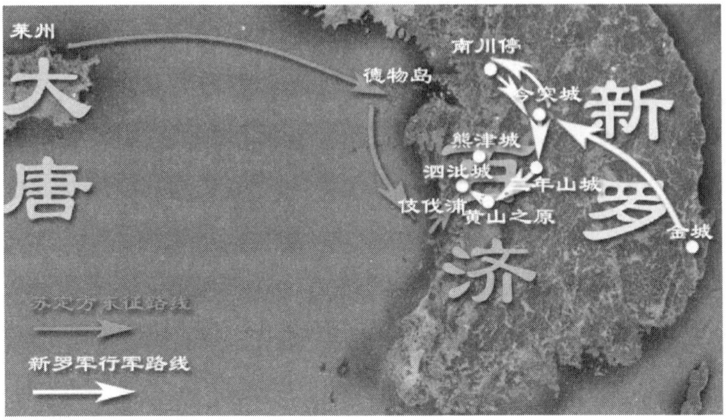

唐朝征讨百济行军路线

五月二十六日，金春秋与金庾信、金真珠、金天存等率兵出京（今韩国庆州市），六月十八日驻扎南川（今韩国利川市，仁川以东70多千米）。苏定方自莱州（今山东城山）出海。六月二十一日，金春秋派太子金法敏迎唐军于德物岛（今韩国德积岛，仁川以西70多千米）。苏定方和金法敏约定，以七月十日为期，唐军至百济南，与新罗军会合，一同攻破百济都城。

金庾信画像

百济知道唐军前来征伐后，国内乱成一团。百济王义慈慌忙问计于群臣，当时的大臣们分为两派：一派说要举全国之兵与唐军决战，唐军远道而来，必然疲惫，如果能一举击破唐军，那么新罗军必然不战而退；而另一派却说，唐军远道而来士气正盛，必然急于进行决战，百济此时决战肯定不是对手，不如依靠险要地形，迟滞唐军的行动，先用偏师打掉新罗的锐气，然后与之决战，击溃新罗之后再回头对付唐朝的这支孤军。这两派意见针锋相对，百济王也莫衷一是，没办法作出选择。就在百济国内还在为如何应对而头疼的时候，唐军已经突破熊津江口，斩杀数千人，水陆并进直捣百济都城。而新罗军已越过炭岘（炭岘，百济关隘，今韩国大田市西南，应该在黄山东北），险要地段均已失守，百济最好的防守时机已经失去。就后来的战事发展而言，百济后一派大臣的防守策略是正确的，可惜百济王不是一个善于决断的君主。

百济有个将军名叫阶伯，眼见国家危在旦夕，可是朝堂之上依然在争论不休，于是他杀妻儿以明为国战死之志，然后召集了5千死士，在黄山原设三营据险防守，死死扼住新罗进军的道路。

新罗方面，新罗王金春秋以金庾信为大将军，与太子金法敏，将军金品日、金钦纯等率精兵5万与阶伯大战于黄山原。这场惨烈的战役以“黄山伐”之名闻名于朝鲜历史。

金庾信到达黄山原之后，倚仗自己兵力雄厚，立即分兵三路，猛攻阶伯的三座大营，企图一战而胜。而阶伯手下人人悍不畏死，加之地形有利，新罗军4次进攻均被打退，士卒力竭，畏战情绪开始蔓延。从这里也能看出，绝大多数新罗士兵应该是强征入伍的壮丁而已，因此战斗意志极差，以10倍兵力攻打草草建立的营寨，仅攻打了4次就士气全无，素质之差可见一斑。

阶伯画像

眼见士气剧降，于是将军金钦纯对其子金盘屈说：“为臣莫若忠，为子莫若孝，见危致命，忠孝两全。”也就是叫他的儿子尽忠尽孝。金盘屈于是直入战阵，力战而死。见此情状，左将军金品日也唤出他年仅16岁的儿子金官昌立于马前，指着他对诸将说：

“吾儿年才十六，志气颇勇，今日之役，能为三军标的乎？”于是金官昌单枪匹马，径赴敌阵，可是却被百济军所擒获。阶伯爱其少勇，叹道：“新罗不可敌也，少年尚如此，况壮士乎！”于是将他放还。而金官昌却将此视为耻辱，回来跟父亲说：“吾入敌中，不能斩将搴旗者，非畏死也。”说完以手掬井水喝下，骑马直冲敌阵，结果再次被擒获。金官昌这种求死明志的行为，使得阶伯也不得不成全他，于是斩其首，系在马鞍上送了回去。金品日捧着儿子的头颅对三军道：“吾儿面目如生，能死于王事，幸矣！”于是，新罗大军军心振奋，慷慨有死志，再次鸣鼓进击。百济军终于抵挡不住，阶伯战死，新罗军生擒百济佐平（百济的一种军职）忠常、常永等二十余人，黄山原之战正式结束。

新罗军好不容易和唐军会师，可是由于黄山原之战的耽搁，延误了当初约定好的日期。唐军统帅苏定方于是要斩新罗督军金文颖以正军法。就唐军的立场而言，这样做当然没有错，“失期当斩”这一条可以说是军中铁律，就算是现在，延误军机也要受到严厉的惩罚。此外，当时新罗军不仅是作为援军而来，他们还肩负着运送唐军军粮的重要任务。唐军渡海而来，船上不可能携带太多粮草。在深入敌境之后，除了最初携带的物资，已无后勤可言，运送大军补给的任务自然就落到了新罗军肩上，而就在新罗军在黄山原苦战的时候，唐军却在苦苦等待新罗军运送的粮食。如果这些粮食不能运达，那么唐军10万人马很有可能重蹈隋军缺粮而崩溃的覆辙，这又怎能不让唐军心急如焚？而就死战破关的新罗方面而言，对于这样的惩处当然不能接受，于是新罗军群情激奋。金庾信对下面的人说道：“大将军不见黄山之役，将以后期为罪，吾不能无罪而受辱，必先与唐军决战，然后破百济。”于是拔出宝剑，就要进行火并。唐军虽然不怕与新罗军一战，可是大敌当前，又是孤军深入敌境，如果盟军此时反戈一击，不啻将自己置于险境。所以苏定方最后还是赦免了金文颖，平息了新罗军的怨愤。

苏定方与新罗军合兵之后，继续向百济都城泗沘城挺进。百济这时候也用不着讨论对策了，只剩下一条路，那就是倾全国兵力迎战。于是在泗沘城外10千米处，百济军和唐新联军进行了决战。最后结果是百济军大败，被歼万余人，唐新联军乘胜冲入泗沘外城。百济王及太子扶余隆逃于北境，唐军遂将泗沘城团团围住。百济王义慈的次子扶余泰自立为王，率众固守。太子扶余隆之子文思劝其叔父扶余泰归降唐军，扶余泰不从，文思遂率左右兵众逾城投降，城中百姓皆从。苏定方乘百济离乱、兵力削弱之际，令唐军登城树旗。扶余泰在走投无路之际，开门请命。于是，百济王义慈、太子扶余隆及百济诸城城主相继归降。唐高宗下诏，将其五部所统37郡200余城76万户分置熊津、马韩、东明、金连、德安五都督府，以其尊长任都督、刺史。平定百济后，苏定方率百济王族大臣等93人，百姓12 000人归国，留郎将刘仁愿镇守百济都城，又以左卫中郎将王文度为熊津都督，统领余众。是年十一月，唐高宗御洛阳则天门楼，接见百济战俘，自百济王义慈以下皆释而不罪。

苏定方平定百济后，很风光地回到了国内。可是有人欢喜有人忧，此时，一员未来的名将正在水深火热之中挣扎，这个人是谁呢？他就是后来成为“中国抗日第一将”的刘仁轨。

大唐平百济塔，塔上刻有记载唐军平定百济事迹的文字

刘仁轨，字正则，汴州尉氏人，家乡就是在今天的河南省尉氏县张市镇前大庄一带。他老爹叫刘威，平民百姓一个。刘仁轨还有个弟弟叫刘仁相，性格与哥哥相反，是个憨厚固执的人。正赶上天下大乱，16岁的刘仁轨不甘心在家无所事事，于是四处闯荡，到处观摩天下的豪杰是如何举兵造反、互相串联的。他还去过大隋的首都，欣赏过大业城的壮丽景象，并且将这些见闻都一一记录下来，积累自己的人生阅历。他好学不辍，最终博涉文史。隋唐之际讲究文武合一，因此刘仁轨对于军略同样十分精通。

隋亡唐兴，刘仁轨便瞅准机会，投在了当时的河南道大使、管国公任瑰的门下，成为一位刀笔吏，靠着给任瑰修改奏章而得到重用，从此走上仕途。

刘仁轨一方面勤恳做事，另一方面也不放弃任何出人头地的机会。这种敢说敢做的性格也给他带来了不小的人生风险，其中有两次差点断送了他的性命。

第一次是他在担任陈仓尉时，将横行乡里的折冲都尉鲁宁活活打死。太宗皇帝因此亲自审问刘仁轨。好在刘仁轨理由充分，而且能说会道，加上魏征在一旁求情，方免除大祸。或许太宗皇帝顾及刘仁轨是任瑰的手下，不能轻易治罪，最终转怒为喜，将他调任栎阳丞。

第二次则更为险恶。唐显庆元年（656 年），刘仁轨已经升到了给事中的重要职位上。当时的尚书右侍郎兼太子右庶子李义府，看上了大理寺在押的人妻淳于氏，于是怂恿大理寺丞毕正义将此女释放。大理寺卿段宝玄发现问题后向朝廷汇报，唐高宗便派刘仁轨、侍御史张伦等人前去查办此事。李义府为了自保，逼死毕正义，但是依然遭到侍御史王义方的弹劾。

在唐高宗和武则天的强力回护下，李义府依然被封为中书令。此后，李义府开始了疯狂地反扑。刘仁轨、张伦、王义方等人纷纷外放为官，其中，刘仁轨被贬为青州刺史。

苏定方攻打百济期间，刘仁轨负责筹办后勤海运。当时的天气极为恶劣，海运的风险很大，李义府便乘机催促刘仁轨尽快实施海运。刘仁轨在严令之下，无可奈何地让船队出海。于是果不出李义府所料，后勤船队在恶劣的天气下尽数沉没。这属于重大责任事故，李义府可算逮到机会，欲置刘仁轨于死地而后快。朝廷派遣监察御史袁异式负责审讯，李义府暗示他对刘仁轨下死手，袁异式心领神会。审讯刘仁轨的时候，袁异式让他干脆自杀了事，免受更多侮辱。

刘仁轨竟然爽快地答应了，跑到房间里撕布条，并把脑袋伸到布圈里，看样子是准备上吊，他还让袁异式帮忙关门。没想到过了一会儿，刘仁轨竟然又出来了，说自己宁愿死于国法，也不愿被仇人逼死。这可把袁异式气得够呛，不仅将刘仁轨下狱，还在临行前亲自拽了拽他身上的锁链，看有没有松脱。

李义府在朝堂之上也是要把刘仁轨往死里整，宣称“不斩仁轨，无以谢百姓”。而这个时候，舍人源直心出面，为刘仁轨说了句话：“海风暴起，非人力所及。”也就是说，这是不可抗力量造成的损失，不能怪到主管者身上。于是朝廷最终决定将刘仁轨除名，令他前往百济战场，白衣从军戴罪立功（唐朝服饰的颜色有严格的限制，白衣是平民的衣服颜色）。

就算是这样，李义府依然没有放弃将刘仁轨置于死地。在国内的上下活动失败后，李义府又密令当时驻守百济都城泗沘城的主将刘仁愿，要他在军中解决刘仁轨。可是刘仁愿是一个光明磊落的将军，他不但没有如李义府的意，还重用了善于谋略的刘仁轨，使得刘仁轨如鱼得水。

虽然苏定方打垮了百济的官方力量，可是百济并没有被彻底平定，唐军在此地的处境远不像想象中那么美妙。首先是百济境内的反抗军依然有着不弱的力量，例如后来也是唐朝名将之一，当时身为百济达率（相当于唐朝刺史）兼郡将的黑齿常之就降而复叛，纠集 3 万余人在山上筑栅自固。唐军进行围剿但却失败，由此四周的降城纷纷反叛。其次是百济的灭亡给了日本非常大的震动。当时日本国内正值“大化改新”，实行新政时期，国内矛盾重重。旧豪族勾结古人大兄皇子反对改革，改革派的核心成员如苏我仓山、田石川麻吕被怀疑图谋不轨。以中大兄皇子为首的改革派虽然对敢于反对的人坚决予以镇压，但仍深感地位不稳。作为日本眼中的属国，百济的灭亡更是给了革新中的日本中央政府以巨大的打击。为了将内部矛盾外引，另外恢复日本在朝鲜半岛的统治势力，在日本的支持下，当时在该国充当人质的原百济王子扶余丰被迎回了百济，并在周留城（今韩国全州西）竖起了百济王室的大旗。非但如此，日本更是派出援军，支持百济的复国运动。

在百济国内，僧人道琛和百济武王从子鬼室福信领导下的复国军势力急速扩大，整个百济西部纷纷响应，最后发展到围攻刘仁愿把守的泗沘城。而新罗在百济灭亡之后，也开始打起自己的算盘。当时唐朝任命左卫中郎将王文度为熊津都督，作为在百济的最高负责人，可是王文度却在和新罗王金春秋同听诏书之后离奇死亡。以阴谋论的角度来讲，新罗对百济的觊觎之心也不是一天两天。虽然此时百济在唐朝的掌控之下，但是征伐百济的唐军主力已经随苏定方回国，留在百济境内的唐军数量并不占优势。所以，新罗王可以趁唐军立足未稳，暗杀其最高将领，使得唐军群龙无首，再利用百济境内的反抗势力对唐军进行压制，削弱双方的力量，以此达到一口口吞掉百济的目的。

综上所述，此时在百济留守的唐军有如风中之烛，形势极其不妙。而刘仁轨在此危急时刻被临时任命为带方州刺史，统率王文度的兵马，与新罗军共同援救被百济复国军围攻的刘仁愿。这对于唐军是危机，可是对于刘仁轨则不啻天降大任，他也立刻意识到自己翻身的机会来了，不由得高兴地大喊："天将富贵此翁矣！"于是于州司请《唐历》及庙讳以行，要"扫平东夷，颁大唐正朔于海表！"此时的刘仁轨已经完全将百济复国军视为他日后重归中枢的重要垫脚石。百济方面自然不知道刘仁轨这边正磨刀霍霍，杀气腾腾。于是鬼室福信一边围攻泗沘城，一边在熊津江口树立了两栅，然后引兵与刘仁轨率领的大军在栅外交战。怎奈刘仁轨能谋善战，这些百济军就成了刘仁轨第一次展现名将风范的祭刀品。是时，唐军与新罗军四面围攻，鬼室福信大败，败退的士卒争入栅内。由于浮桥狭窄，落水而亡及被斩首的百济军有万余人。刘仁轨乘胜进击，鬼室福信连失两栅，只能解围而去，退守任存城（今韩国全州以西）中。刘仁愿与刘仁轨会师百济都城，但是唐军人数太少，无法进行追击，只能稳守城池。此役后，道琛自称领军将军，鬼室福信自称霜岑将军，招集百济叛军，实力不仅没有因为之前的失败而削弱，反而更加强大。这时，唐高宗又诏新罗出兵，援助刘仁轨。新罗王遂遣将军金钦率兵向百济府进发。大军行经古泗（今韩国泗川），遭受鬼室福信部阻击，金钦只得由葛岭道（今韩国泗川县与晋州县之间）退回，从此不敢复出。于是，驻百济唐军与新罗的粮道被彻底封死，物资补给只能在当地征集，处境十分艰难。

此时，唐朝的盟国新罗的日子也不好过。唐军参战之前，新罗就已经被打得遍体鳞伤，后来在唐军几乎所有的军事行动中，新罗都是提供大批军粮的一方；不但如此，新罗也要派兵参战，国内已经在苦苦支撑。如今形势突变，没了唐军主力做靠山的新罗，不但在百济这边遭到失败，北方高句丽也派出了军队对其进行攻击，后来更是遭到了日本的大举进攻。新罗此时自顾不暇，也没有什么力量援助在百济的唐军了。

就在百济复国军形势一片大好之时，其内部的矛盾却越来越明显。鬼室福信固然在军中专权，而与他齐名的道琛虽然号称僧人，也绝不是那种慈眉善目的和尚。当时刘仁轨向道琛派遣使者，劝说他归降，道琛居然连使者的面都不见，还说："使人官小，我，国大将，礼不当见。"其倨傲程度可见一斑。就这样，他和鬼室福信两个人一人跋扈一人专权，谁都不服谁。这样的矛盾在唐军大兵压境之下还不明显，可是现在唐军被百济复国军压制，矛盾立刻就显露出来。一场大火并终于爆发，鬼室福信先下手为强，杀掉了道琛，兼并了他的部众。

唐龙朔元年（661 年）四月，唐朝"以任雅相为浿江道行军总管，契苾何力为辽东道行军总管，苏定方为平壤道行军总管，与萧嗣业及诸胡兵凡三十五军，水陆分道并进"。唐军主力再次围攻平壤。可此次征伐虽声势浩大却未获全胜，最终在寒冬的威胁下，唐军只能选择撤军。

围攻平壤的唐军撤退之后，在百济的唐军几乎到了坐困愁城的地步，所控制的地方仅剩下一座泗沘城，完全无法实现原先以百济为基地，对高句丽实施两面夹击的构想，而且处境艰难，很有可能全军覆没。面对如此情况，唐高宗下诏，让驻守百济的唐军退入新罗，如果新罗王有要求，则留下帮助新罗；如果不需要，就乘船回国。此时，唐军在半岛的兵力有刘仁愿的 1 万余人，加上在新罗的 7 千留守军，还有刘仁轨带来的原属王文度的数千人马，总数不过是 2 万多人。兵力可称微薄，形势也不好，所以众将也都希望回国。可是，刘仁轨却和众人的意见不同。他认为，如果进了新罗，就凭这么点兵力，必将为人所制，到时候能不能回国也不是唐军说了算。另外，泗沘城处于四面被围的状态，去往新罗的通道已经被切断，一旦出城，会有什么状况发生更是不好说。而且攻灭百济并不是因为需要百济的土地，而是为了完成攻灭高句丽的最终目标；一旦放弃泗沘城，那么百济可以说基本复国成功，唐军的战略计划将完全破产，所以绝不能撤出泗沘城。不但不能撤，还要主动出击，趁着百济上下都认为唐军要西归而松懈的时候，突袭百济复国军的城池，打几个胜仗，将士卒的士气调动起来，再向国内请求援兵。刘仁轨最后指出，鬼室福信之前杀道琛的举动，意味着百济复国军中并不是铁板一块，只要唐军坚持下去，敌人必然会内讧，到时候就是唐军全面平定百济的机会。

真可谓"人老成精"，这句话一点都没有说错。刘仁轨以他几十年的官场经验，把当时的形势看得极其透彻，不论是新罗的算计，还是百济复国军中的内部矛盾以及心态，再或是朝廷的战略、半岛的局势，甚至士卒的心理，无不洞悉。于是，在当时唐军总指挥刘仁愿的坚决支持下，唐军不但没有撤退，反而趁其不备，于唐龙朔二年（662 年）七月大举突袭，相继攻克克罗城（今韩国怀德）及尹城、大山、沙井等地，歼敌及俘获甚众。鬼室福信等退守真岘城（今韩国大田），凭借该城临江高险，又当冲要，严加守卫。刘仁轨引新罗之兵，乘夜逼近城边，领众人攀草而登，天亮前从敌人没有想到的地方攻入城池，成功地占领了此城。唐军终于打通了通往新罗的运粮道路，自此再不是孤军，形势转眼间发生了变化。刘仁愿遣使归国报捷，又奏请增兵。唐高宗诏发淄（州治今山东淄博西南）、青（今属山东）、莱、海（州治今江苏连云港西南）诸州 7000 兵马，以熊津道行军总管、右威卫将军孙仁师为主将，增援百济的唐军。

而丢了真岘城的百济复国军也果不出刘仁轨所料，内部矛盾越来越大。扶余丰倚仗背后有日本撑腰，并不甘心回国做一个傀儡国王。而军中鬼室福信专权，迎回扶余丰不过是想挟天子以令诸侯罢了，他绝不想让扶余丰掌握实权。因此这两派矛盾越来越大，双方都在暗中策划，要置对方于死地。后来，鬼室福信以退为进，装病不出，企图在扶余丰前来探病的时候一举将他擒杀。可是扶余丰事前得到消息，因此将计就计，调集亲信擒杀鬼室福信。一场大火并下来，最后的胜利者是扶余丰。

鬼室福信死于内讧，百济形势又是一变。虽然扶余丰消除了对手，但是他在百济国内没有什么威信，百济复国军又毕竟是鬼室福信一手打造，鬼室福信一死，人人离心，内部马上就有不稳的迹象。扶余丰只能遣人再去日本，乞求援兵。

此时的半岛形势下，可以说是日本的最佳介入时机。高句丽方面被唐朝多次征伐，尤其是苏定方又引兵围攻平壤，昔日无比强大、曾经大败日军的高句丽，已如风中残烛。而唐军主力此时并没有留在百济境内，留在那里的不过是一旅偏师，不仅人数少，战斗力也成问题，而且留守的唐军此时已经被百济国内的反抗军所压制。至于新罗，本来就不是日本的对手，加上半岛三国之间这几年大打出手，已使其处于极限状态，施加一点压力就会全面崩溃。日本此次出兵，极有可能给高高在上的唐帝国以打击，将中国的势力驱逐出半岛，并借势收服半岛上的三国。所以，日本国内早就摩拳擦掌，准备在朝鲜半岛大干一场。

唐龙朔元年（661 年），日本齐明女皇和中大兄亲赴九州筑紫，准备亲征朝鲜。但在同年七月，女皇病逝于筑紫朝仓宫，因此出征计划只得延期实行。龙朔二年（662 年）一月，日本决定以“矢十万、丝五百斤、绵一千斤、布一千端、韦一千张、稻种三千解”支援百济的复国运动。除了支援大量物资，日本还先后派出了大量援兵，具体情况如下。

唐龙朔元年（661 年）九月，扶余丰在 5000 名日军的护送下回国即位。

唐龙朔二年（662 年）五月，大将军阿昙比逻夫连等，率战船 170 艘，载 1 万余人渡海增援。

唐龙朔三年（663 年）三月，遣前将军上毛野君稚子，间人连大盖，中将军巨势神前臣，三轮君根麻吕，后将军阿倍引田比逻夫臣，大宅臣镰柄，率 2.7 万人，直接在新罗登陆，攻下了沙鼻歧，奴江二城。

唐龙朔三年（663 年）八月，日将庐原君臣率万余人马渡海增援。

4 次出动援军，总兵力约 5 万人，这已经是日本的举国精锐，显然日本在朝鲜半岛下了重注，要大赌一票。由此，中日两国的第一场正面大决战已经不可避免。

而唐朝方面，在唐龙朔三年（663 年）九月，孙仁师的 7000 名援军终于由海上到达百济。在击退百济的锁江阻击部队后，援军与刘仁愿、刘仁轨部会师，唐军在百济的总兵力增至约 3 万人。有趣的是，三位唐军主帅名字里面都有一个“仁”字。此后的大战胜利，似乎就是为了展现“仁者无敌”这句话的正确性吧。

此时唐军士气高涨，又得到了大批援军，于是开始谋划总攻。在战前的作战会议中，诸将都提议先攻水陆要冲加林城（今韩国林川），但刘仁轨却认为加林城地势险峻，“急攻则伤亡士卒，缓之则旷日持久”。因此，他主张先攻“群凶所聚”的巢穴——周留城，“若克周留，诸城自下”。于是由孙仁师、刘仁愿与新罗王金法敏率陆军，由刘仁轨与别将杜爽等率水军及粮船，两军沿熊津、沿白江（今韩国锦江）相携而下，同赴周留城。

而百济复国军方面当然不是木头人，眼见唐军大举进攻不会一点反应都没有。扶余丰在唐军出发不久就得到了情报，正好此时日本又派了上万人的援军渡海增援。扶余丰得到如此众多的兵力支援，底气非常足，于是同样水陆并进。他集合了手中所有的兵力，沿江而上，企图一举击溃唐军，收复百济全境。双方目标相反，但是行军路线却相当一致，于是双方反而在加林城附近的白江口相遇，爆发了一场水陆大战。

此场大战虽然是不期而遇，但是规模却极大。百济与日本的联军估计有将近 10 万人，其中日军船只据史载达近千艘（据推算约为 800 艘），其中载人的兵船占一半左右。而唐新联军则有 4 万人左右，其中水军为刘仁轨的 7000 名唐军，加上新罗盟军和百济降军，估计有 1 万人左右；船只为 170 艘，其中作战船只约 100 艘。

公元 7 世纪或更早时期的倭国（日本）士兵甲胄式样

唐龙朔三年（663 年）九月，两军在白江口不期而遇。唐新联军先发制人，新罗铁骑充当先锋，后队的唐军陆军主力突袭百济复国军的军阵。百济复国军虽然做了抵抗，但很快就被全面击溃。他们崩溃得如此之快，跟之前的两场大火并不无关系。两场火并之后，百济复国军的两位创始人均被杀，部下人人自危，兵无战意，因此导致陆战一触即溃。

陆战的闪电失利使得日军大为恼火，于是决心以水战定乾坤。此时无论是战船的数量还是水军的人数，日本方面均大大超过唐军，因此底气十足，抢先发起了进攻。刘仁轨率领的唐军一开始也被日军庞大的船队吓了一跳，于是布阵收缩防守。日军逆流而上猛攻唐军船阵，但是刘仁轨防守有方，加上唐船技术先进，防御力很强，日军第一回合失利而退。第二天，日军见唐军并没有因为第一天的成功防守而主动攻击，便认为己方实力强大，只要加把劲，必然能将唐军击退甚至消灭，所以叫嚣道："我等争先，彼应自退。"可是唐军并不是他们想象中的那么简单，没有主动攻击不过是表面现象。在第一天交手中，刘仁轨已经掌握了日本水军的虚实，虽然日军人数众多，可是船只的大小和技术性能远远不如唐军一方；但是由于双方数量上的巨大差异，唐军也不适合进行主动攻击，所以依然把船只布置成防守阵形，等待着日军的进攻。他也算准了日军已是箭在弦上，不得不发了：此时陆路的百济复国军已经被击败，如果日军不想就此逃回家的话，必然会抢先进攻。果然在第二天，日军倾尽全力，将自己手中的所有战船一下子放出，直冲唐军船队。而唐军早有准备，利用从上游顺流而下的优势，迅速将船队摆成了一个半月阵，放日军战船攻入阵内，等大部分日军战船冲入之后，就从左右两边进行合围，将日军团团包围。日军这才晓得上了唐军的当，可是后悔已晚。此时日军船只全部拥挤成一团，连掉头都不可能，根本不能发挥其原有的战力，唐军却可以在外围集中力量，轻松地解决日军船只。就在日军被包围的这一刻，可以说败局已定。扶余丰见势不妙，急忙和剩下的辎重船队一同逃命。他知道大势已去，所以连周留也不回便逃之夭夭，结果唐军事后只缴获了他的佩剑。而此战日军损失极大，绝大部分战船被焚毁，水陆作战人员也基本被全歼。逃回国的日军将领个个惊恐万状，对唐军的战斗力从一开始的瞧不起转为畏之如虎。

白江海战

日本朝廷此时也慌了阵脚，唯恐唐军乘胜杀奔日本，已经丧失全国精锐的日本绝经受不住唐军的再一次打击。于是自白江之战的第二年开始，日本连年按批修筑各种防卫设施。首先，在对马、壹岐和筑紫国设置烽火台并派出驻守要地的防卫部队；其次，在筑紫修建大水堤，当中储水，名曰水城，利于小船行驶，防止大船靠岸；最后，在对马、北九州、长门、赞吉的屋岛、河内的高安修建城堡，形成三道防线，一旦对马、壹岐和北九州失守，后面还有城堡拒敌。为了统率西部各地防务，加强了太宰府的地位，使其专门负责防御事务（后因军务不多，逐渐变成办理外交事务的部门）。当然，大和民族一直有着跟随强者的“良好习惯”，因此唐日两国的关系冷冻期并没有持续很长时间。此后日本向唐帝国全面靠拢，无论是法律制度还是文化艺术，无不如饥似渴地学习、照搬；所谓的平等外交再未出现，反而为了自己在大唐属国中的排名争得不可开交。

日本遣唐使船模型

白江一战尽歼日军主力后，唐军面前可谓是一片坦途，再无阻挡。百济的反叛城池纷纷投降。此时黑齿常之因为对百济复国军的失望，再次投奔了唐军。当然，刘仁轨也没有辜负他，疑人不用、用人不疑，派他去攻打当时唯一没有投降的任存城。黑齿常之也不负所托，顺利攻下任存城，作为加入唐军的投名状。此后他忠心耿耿，为唐帝国立下了汗马功劳。

纵观白江之战，对日军能轻松获胜，除了刘仁轨等将领指挥有方、唐军将士团结一心，还有一个原因，就是当时唐朝的造船技术先进。唐代船只就已经拥有分隔水密舱和钉接榫合法这些先进的技术，大大提高了抗沉性。

据杜佑《通典·兵十三·水平及水战具附》记载，当时军用船舶有 6 种类型：楼船、艨艟、斗船、走舸、游艇和海鹘。不过除了楼船和斗船，其余的都是小型船只。由于唐军是远洋作战，因此小型船艇显然不适合作如此远距离的航行。当时航海依然有很大的风险，刘仁轨的运输船沉没，还有以后著名的鉴真和尚东渡日本的经历，都表明了其中的危险性。那么能经受这样的风险进行渡海的，自然只有大型船只。所以在白江之战中，唐军主要装备的是五牙楼船、斗船这类中大型船只。

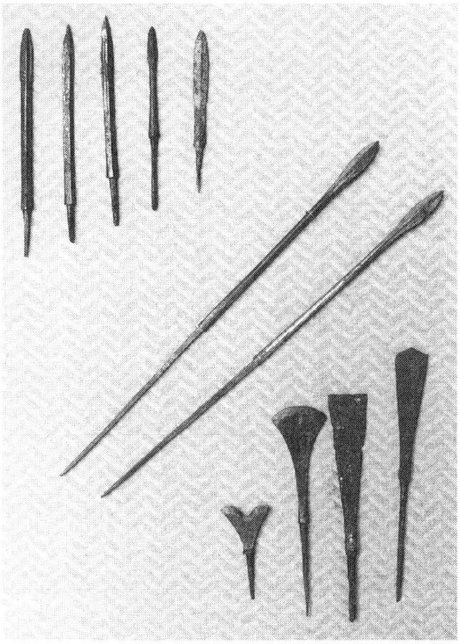

唐代箭镞

早在西汉就有“楼船将军”一职，到隋初，杨素所造五牙楼船，“上起楼五层，高百余尺，左右前后置六拍竿，并高五十尺，容战士八百人”（《杨素传》）。关于唐代的楼船，李筌在《太白阴经》一书中说：“船上建楼三重，列女墙、战格，树幡帜，开弩窗、矛穴。置抛车、垒石、铁汁，状如城垒……忽遇暴风，人力莫能制，非便于事。然为水军，不可不设，以张形势。”楼船乃当时最主要的作战船只，武器配备齐全。

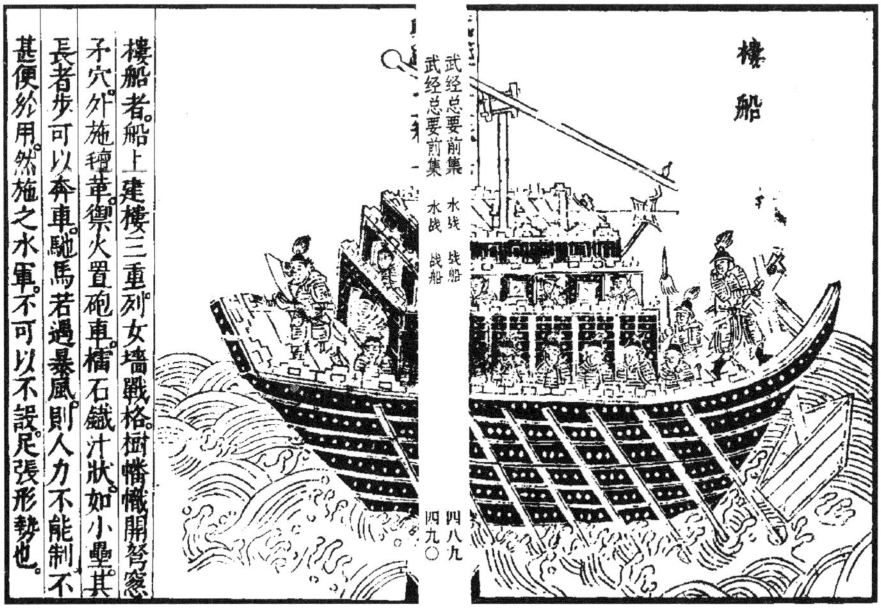

古籍中对楼船的介绍

“斗船，船上设女墙，可高三尺，墙下开掣棹孔，船内五尺又建棚，与女墙齐，棚上又建女墙，重列战敌，上无覆背，前后左右树牙旗、幡帜、金鼓，此战船也。”斗船是梯级复式结构，水兵可以梯级排列迎敌，划船者则隐蔽于船内，通过棹孔划船，这是当时海军主要的作战船只。

当时，唐军的水战武器也是非常先进的。

拍竿是南北朝、隋唐时期创制的新型水战武器。它是一根一端缚有重物的长竿，用木架安装在战船的顶部。与敌船接近时，用人力或辘轳拉起拍竿，将巨石转到敌船上空，自上而下拍击敌船。巨石可反复使用，操作灵活。《武备志》卷一一六《军资乘战船》记载：“拍竿者施于大船之上……每迎战，敌船若逼，则发拍竿，当者，船舫皆碎。”

中国古代使用弩的历史非常悠久。据《周礼·夏官》记载，在战国时期弩就分为夹弩、庾弩、唐弩和大弩4种，时称“四弩”。汉唐时期，弩的技术水平不断提高，种类增加，张力扩大。唐代的弩分为擘张弩、角弓弩、木单弩、大木单弩、竹竿弩、大竹竿弩和伏远弩7种。当时最著名的是绞车弩，《通典·兵二》记载：“绞车弩，中七百步，攻城垒用之……置弩必处其高，争山夺水，守隘塞口，破骁陷果，非弩不克。”据唐初名将李靖说，绞车弩是将张力达12石的巨弩设在绞车上而成，能同时发射7支箭。绞车弩威力大、射程远，发射的箭“所中城垒，无不摧陨，楼橹亦颠坠”。绞车弩是当时主要的远程杀伤武器，但造型比较笨重，机动性较差，陆军主要将其用于既设阵地的防守；但对于海军来说，它是进攻突击的利器，是最重要的船载打击兵器。

炮车，或称抛车，即抛石机，与弩同为当时的重型远射兵器。炮车的历史也非常悠久，相传战国时期就有了。《汉书·甘延寿传》引张晏注说：“范蠡兵法飞石重十二斤，为机发，行二百步。”三国时期，在官渡之战中，曹军使用炮车发石击毁袁军的橹楼，时称“霹雳车”①；为了提高炮车的发射速度和效率，马钧还发明了车轮炮②。唐代炮车的造型比过去大，有一个炮车甚至需用200人操作，又称“将军炮”或“礌石车”。炮车在海军中应用的历史也

① 因发出的石弹在空中飞行时有声响，故名。参见《三国志》卷六《袁绍传》。

② 将石弹系上绳索，绳索依次缠于轮周，作战时快速转动车轮，当石弹转到需要的角度时，以利刃断绳，使石弹连续地抛射出去。参见《三国志》卷二十九《杜夔传》注。

很悠久，早在梁元帝时，大将徐世谱就将炮车装在战船上，在水战中发挥了巨大作用。唐初，楼船上就装有炮车，它在海军中的应用更多，战绩也会随技术水平的提高而增加。

唐初的水军弹药，除了与战船上的弓、弩、炮车相配套的各种型号的箭和石弹，还有一些用于火攻的弹药。据《卫公兵法辑本·卷下》记载，唐初名将李靖详细论述了当时的一些火攻战具，包括火箭、火杏、燕尾炬、游火；助燃物则有油，常以瓢、囊盛之。它们可通过弓、弩或炮车来发射，也可直接投掷而用于火攻。

看了这些武器介绍就可以理解，在唐军包围下的日本船只为什么会有“焚舟四百，烟焰涨天，海水皆赤，贼众大溃”这样的下场了。可想而知，当时在唐军围攻下，聚集的日军舰船简直就是最好的靶子，无论是弓弩还是炮车均能轻易地击中它们，一同袭来的还有助燃的油和火箭。日军当时唯一的办法就是靠近唐船打接舷战，但要知道，大船登小船容易，小船登大船就困难了。当时两国战船体型相差巨大，日军想爬到唐军船上简直难如登天，而且唐船配备了拍竿这样的近战武器，靠近的船只被砸碎的命运是可以想见的。因此，《日本书纪》中有“朴市田来津仰天而誓，切齿而嗔杀数十人，于焉战死”这样的记载。其实，对记载中的表述应该理解成“此人手刃已方逃兵数十人”，因为如果朴市田来津真的那么神勇，能手刃唐军数十人，那每个日军只需有他一半勇武，全军覆没的就应该是唐军才是。

此时，唐高宗召刘仁愿、孙仁师回朝，令刘仁轨领兵镇守百济。百济经过多年的战乱，“合境凋残，僵尸相属”①。为此，刘仁轨采取一系列措施来安定民心，恢复社会秩序：掩埋骸骨，登记户口，任命官长，治理村落；修路架桥，修补堤堰，恢复陂塘，督促百姓种田养蚕；赈济百姓，赡养孤老。很快便医治了战争所带来的创伤，使百姓安居乐业。然后，刘仁轨又屯田积粮，训练士卒，做好攻打高句丽的准备。

刘仁愿回到京城后，唐高宗问道：“卿在海东，前后奏请，皆合事宜，而雅有文理。卿本武将，何得然也？”②刘仁愿据实回答：“刘仁轨之词，非臣所及也。”③唐高宗闻后非常高兴，给刘仁轨晋升六级官阶，正式任命为带方州刺

①②③ 参见《旧唐书·刘仁轨列传》。

史，并为他在长安建第，厚赏家属。上官仪也不尽感慨道：“仁轨遭黜削而能尽忠，仁愿秉节制而能推贤，皆可谓君子矣！”

此时百济已经彻底被平定，但是唐帝国与新罗之间的盟友关系却渐渐有了一道看不见的裂缝；随着时间的推移，这道裂缝越来越大，最终导致双方兵戎相见。新罗从始至终的战略非常明显，那就是坚决靠住中原帝国，借中国的实力打垮它在朝鲜半岛的两个宿敌。可是在唐朝击垮百济之后并没有将其彻底灭亡，反而又将百济原王子扶余隆立为百济国王，然后又强迫新罗与之会盟，约定两家和好，永不战争，可是这并非新罗想要得到的。新罗在半岛战争中付出了相当惨重的代价。唐军在百济的一切供给，新罗提供了绝大部分，甚至苏定方进攻高句丽，有很大一部分军粮也是新罗提供。新罗在当时不过是一个仅占朝鲜半岛 1/4 面积的小国，却要负责几十万大军的军粮，另外自身也尽全力出兵打仗，国内的困苦是显而易见的。在付出了巨大的代价、终于消灭了仇敌后，不但自身没有捞得什么好处，昔日不共戴天的仇敌却在唐朝的支持下又有死灰复燃的趋势，新罗当然不能接受这样的结果。于是新罗暗地里开始招揽和煽动百济当地人，以此慢慢吞并百济的土地。当然，此时新罗和唐帝国的共同敌人高句丽还存在，另外当时百济还有刘仁轨这个“人精”镇守，因此仅是暗流涌动，双方在表面上依旧是一副亲密无间的盟友姿态。

唐总章元年（668 年），高句丽灭亡，这个消息迅速传至日本方面。同时，唐军要修整战船攻打日本的谣传再次不胫而走。

近江大津宫天皇越来越敏感，他将国号改为“日本”，这个国号既有可能源自圣德太子时期的“日出处天子”之说，也有可能来源自被灭亡的虾夷之国“日高见国”。

天皇最终决定面对现实，于唐总章二年（669 年）派遣河内直鲸等人，以庆贺大唐平定高句丽为名，前往大唐朝拜。

《祢军墓志铭》上有那么段话：“僭帝一旦称臣，仍领大首望数十人将入朝谒。”纵观当时的局势，能被大唐认定为僭越称帝的，恐怕只有近江大津宫天皇一家。

日本既然称臣，其首领自然不敢在国书中号称“天皇”。当时具体如何自称，目前没有直接的证据。后来出于折中，使用“主明乐美御德”或者“须明乐美御德”来标记“天皇”（すめらみこと）的发音蒙混过关，这已经是唐玄宗时期的事情了。

日本的第一谋臣中臣镰足于这一年病殁，享年56岁。根据相关记载，在他死前被赐予“藤原氏”和大织冠官位，官职由内臣升为内大臣，故称为藤原内大臣镰足。中臣镰足在临死之前所做的主要努力，是弥合近江大津宫天皇与大海人皇子之间日益激化的矛盾。不过，他并不是一个中间派，而是将自己的女儿嫁给了大友皇子。然而在中臣镰足去世之后，日本的权势开始不可逆转地向大海人皇子一边偏移。

使者于唐总章二年（669年）十二月到达大唐，一直待到唐咸亨元年（670年）三月。然而在咸亨元年这一年，大唐并未如年号所预示的那样“万事亨通”，反而面临着新一轮挑战。

正月，唐朝释放了前一段时间扣押的新罗使者金钦纯，却将同来的金良图拘押至死。此后，唐朝多次指责新罗方面侵占熊津都督府所管辖的土地，并再度扣押使者，新罗与大唐之间的领土争端进一步激化。

四月，吐蕃陷西域十八州，大唐被迫将龟兹、于阗、焉耆、疏勒四镇军事力量撤出。同月，新罗方面联合高句丽遗民与靺鞨兵发生武装冲突，在唐军的介入下，冲突并未扩大。六月，高句丽大兄钳牟岑举兵反唐，并拥立泉净土（即渊净土，避唐高祖讳而改姓）之子安胜（安舜）为高句丽王，并投奔新罗。新罗王金法敏效仿大唐皇帝的姿态，对渊安胜进行册封。

七月，新罗与熊津都督府再起争端。新罗假意示好，却以刺探军情为借口单方面扣押了熊津都督府司马祢军，同时被扣押的还有已改任鲁山司马的法聪。

八月，郭待封与薛仁贵所领10万之众在大非川遭吐蕃军猛烈攻击，全军覆没。这是最近一段时期内大唐遭遇的少有的惨败，其所造成的深远影响难以估量。

就在如此严峻的形势之下，熊津都督府派出前往日本的外交使团。使团由郭务悰等600名唐人与沙宅孙登等1400名百济人组成，乘坐47艘船出发。

这批使团有几个地方引人注目。

其一，郭务悰前几次出使日本都是与祢军同行，由于此时祢军已经遭到新罗方面的扣押，故此次百济的领队换为沙宅孙登。

其二，这次百济人的新领队沙宅孙登，曾经在苏定方灭百济时作为战俘被押送至大唐，看来他与扶余隆一样被大唐特赦并参与到熊津都督府的建设中来。

其三，使团具有超乎寻常的规模。刘德高访问日本时不过 200 人左右。这次的使团规模明显偏大，在当时的紧张局势下，实在令人费解。

有人认为这是对日本的武力威慑，但是这样看来，2000 人又实在太少了。又有学者认为是交换战俘，但是之前被送至日本的 106 名大唐战俘①根本没被提及，续守言等人仍然安稳地生活在日本。

这次出使船队大约是在唐咸亨元年（670 年）十月起航，而郭务悰等人尚未到达对马岛的时候，就有一群人在争分夺秒，力图抢在使团之前到达对马岛，向日本方面报告郭务悰等人的动向。

他们是什么人？为首的是冰连老人，他就是唐永徽四年（653 年）与定惠和尚一同乘船来到大唐的日本留学生。此人在定惠和尚回国之后，可能被大唐剥夺相关待遇，处境颇为窘迫，便萌生回国的念头，于是寻找到土师连富杼、筑紫君萨夜麻、弓削连元宝儿等同伴，策划返回日本。而这一时期，他们又遇到因白江战败被俘虏到大唐的大伴部博麻。大伴部博麻为了资助他们，宁愿自卖来换取盘缠。后来，他们又陆续遇到了妙位、法胜、高黄金、道久、韩岛胜娑婆、韩智兴等人。

这样与冰连老人结伴同行、欲回本土的日本人大约有 12 人。他们历经艰险，先到达熊津都督府管辖地界，可能在寻找船只的时候发现了郭务悰等人所率领的船队，认为是唐军攻打日本的前锋，于是急忙乘船，于十一月二日赶赴对马岛向国司报告。对马国司立刻将相关情报送至筑紫太宰府。

2000 人的使团已经抵达比知岛。当筑紫太宰府得知又是熊津都督府派来的使团，便以担心军事威胁为由，将使团拦在筑紫，郭务悰等人开始了漫长的等待。

唐咸亨二年（671 年）三月，日本官方派遣阿昙连稻敷向郭务悰报告了近江大津宫天皇去世的消息。按照《日本书纪》的描述，当时郭务悰及其手

① 为鬼室福信起兵反唐时所俘唐军，当时被其送至日本以示联盟之谊。——编者注

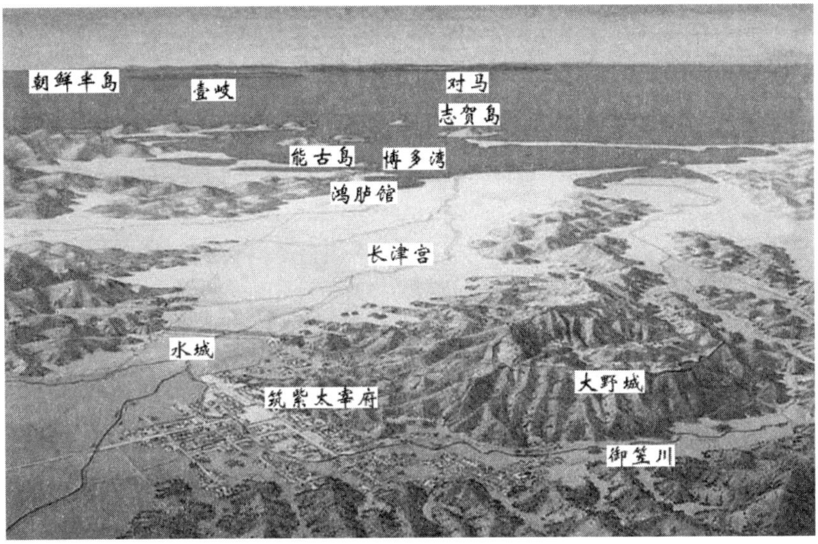

筑紫太宰府地理位置示意

下全部穿上丧服，举哀三遍，向东稽首，以示哀悼，并许诺要为近江大津宫天皇建造阿弥陀像以示纪念。使团于五月返回熊津都督府。

这一点透露出这批2000人使团的真实意图：拉拢日本，抵制新罗。不过，此后的局势已经是熊津都督府根本无法掌控的了。唐咸亨三年（672年），“壬申之乱”爆发，刚上台不久的大友天皇被推翻，大海人取得了最后的胜利，成为后来的飞鸟净御原宫天皇（天武天皇）。不过，大海人上台后却并不热衷于派遣遣唐使，预示着白江之战对东亚地区的历史影响渐告终结。

古典时代的终结篇：厓山之战

厓山坐落于广东江门，如今被叫做“崖门”，因此人们也将厓山称为“崖山”，震惊中外的宋元厓山之战便发生于此地。厓山古战场历经岁月的洗礼，早已不是当年的面貌，历史的洪流仍然如厓山之前的江水一样，滚滚奔腾。厓山入海口如今残留最古老的军事遗迹，可能就是明、清两代的炮台了，宋元时期的古战场遗迹已经非常稀少。但是，700 多年前那场有几十万人参加的海上决战，在历史上留下了不灭的印记，交战双方的嘶喊声似乎依然回荡在耳边。

忽必烈画像

元至元八年（1271 年），元朝正式建立，忽必烈也终于成为中国历史上元朝的开国皇帝。当忽必烈立国之后，次年便发大军水陆并进，兵锋直指南宋。双方在襄樊展开血腥的争夺，结果以宋军大败而告终。

元军在襄樊之战大破宋军以后，铁骑突进，直趋南宋都城临安（今浙江杭州）。失去了襄樊坚城的门户，临安无险可守，南宋全境完全暴露在元军的铁蹄之下。元军分数路南下，湖南安抚使兼知州李芾在潭州坚守 3 个月，大小战事数十场。元军一时不能攻克，于是元将阿尔哈雅将书信射入城中劝降，但李芾宁死不降。元军猛攻城池，宋军拼死抵抗，元将阿尔哈雅也被箭射伤。元军又大举围城，经过苦战终于攻破城池。前来协助守城的知衡州（官名）尹谷与全家自焚，李芾大摆酒宴后命部属沈忠杀其全家，沈忠随后亦全家殉国。潭州百姓知道这个消息后多举家自尽，城中的水井和树木上均布满了尸体。

南宋德祐元年（1275 年），南宋朝廷派员求和，可是如今南宋已经指日可下，宋太祖当年的那句“卧榻之侧岂容他人酣睡”，反过来也应了南宋自己的下场。此时求和已无任何意义。七月，元世祖忽必烈下令伯颜直取临安。南宋在长江南北的前沿据点——淮安、泰州、吕城（今江苏省丹阳市）相继失守，孙虎臣自杀、张彦被俘后投降。此时，张世杰所收复的常州便成为南宋抵挡元军兵锋的最前沿。从德祐元年（1275 年）九月到十一月，在文天祥所率民兵的支援之下，常州阻击中路元军长达三个月之久，伯颜最终撕去了南下以来的伪善面具，又拿出蒙古大军纵横欧亚的种种残酷的攻坚手段，驱策无辜民众在火线上堆起土山，填埋战壕。以至于远在大都的元昭文馆大学士姚枢向忽必烈建议，有必要重申“止杀之诏”，以免江南的城镇都效仿常州死战到底。

常州战场宛如一个巨大的绞肉机，除了绞碎城内的南宋守军，还大量消耗了文天祥由平江派出的增援部队。由尹玉、麻士龙等赣州豪杰所率领的民兵骨干在常州外围战场上的拼死血战，与提军隔岸、不发一矢的南宋正规军形成了鲜明的对比。而此时南宋朝廷在战前集结的勤王大军已经消耗殆尽，右丞相陈宜中在临安当地以 15 岁以上男丁征召的所谓“武定军”，则大多是一些老弱病残，甚至还有身高不足 4 尺①的孩子。

常州沦陷后，元军左翼经溧阳、广德，直扑南宋“首都防御圈”的门户——独松关。十一月二十二日，独松关守将张濡率领几千精锐出关阻击元军，在野战中被对手的骑兵击溃，独松关随即失守。而由忽必烈的亲信、前任侍卫亲军都指挥使董文炳率领的水军，以范文虎为先锋，由江阴入海，一路招降了南宋方面由朱清、张瑄率领的“海上游击军”。朱清、张瑄本是以崇明岛为基地的海盗集团首领，利用蒙元和南宋朝廷都专注于地面战场的有利时机，两个人“啸众剽劫”，贩卖私盐，掳掠富商巨舶，逐渐形成了气候，鼎盛时期的活动范围南至通海（今江苏南通一带），北至山东胶东半岛和莱州湾。尽管接受了南宋的招安，但是在董文炳的庞大舰队面前，这两位海盗头目还是顺理成章地“见风使舵”，加入了元朝水军南下的行列。在朱清、张瑄的引导之下，董文炳的舰队顺利攻克了许浦（今江苏常熟东北）、澉浦（今浙

① 1 尺约为 33. 3 厘米。——编者注

江海宁东南）等沿海港口，控制了钱塘江入海口，基本断绝了南宋朝廷从海上南逃的去路。对朱清和张瑄而言，他们这次临阵倒戈不仅换来了元朝代理管军千户的委任状，而且还为其家族打开了未来富可敌国的大门。

面对逐渐形成合围之势的三路元军，宣布进入戒严状态的南宋首都临安也顺理成章地出现了官员逃亡潮。左丞相留梦炎跑了，右丞相陈宜中还在。不过，相比一心准备保卫临安的文天祥与张世杰等人，陈宜中却选择了更为“稳妥”的方式——和谈。柳岳作为陈宜中的全权代表，很快抵达了位于无锡的伯颜前线指挥部，开始以宋恭帝赵㬎的年龄来做文章，请求元军能讲点人情，“礼不伐丧”。最后，他把一切责任都推到一个死人身上，“凡今日事至此者，皆奸臣贾似道失信误国尔”。对于南宋使者这种说法，伯颜倒也很讲道理。他首先强调了南宋的战争责任：“汝国执戮我行人，故我兴师。”把自己放在正义一方；伯颜又指出，江南这片土地是宋太祖赵匡胤从南唐和吴越等割据政权手中夺过来的，都是武装占领，没什么两样。至于说宋恭帝还是个小孩子，当年陈桥兵变、北宋的建立，不也是欺负人家柴氏的孤儿寡母而乘人之危吗？可见柳岳所说的不过是什么“礼不伐丧”的大道理，而伯颜的回答则是弱肉强食的“天理”，这次所谓的和谈自然无果而终。

不过，伯颜没有像此前南宋各地的那些忠臣名将那样，用使者的人头来传递信息，柳岳至少安全地回到了临安。元军关上了一道门却留了一扇窗，南宋政府倒也心领神会，立即追封已死的吕文德为和义郡王，任命吕文德的另一个儿子吕师孟为兵部侍郎，以此向元朝传达一个信号：在襄阳投降元军的吕文焕（吕文德的堂弟）不是降将，只不过担任贵军的“导游”而已，那么贵军自然也不是侵略者，而是来“观光旅游”的。随后在柳岳的带领之下，宗正少卿陆秀夫和吕师孟作为特使再度北上，不过此刻伯颜已经不在无锡了。既然南宋朝廷已经表示吕文焕是元军“导游”了，平江一线的通判王矩之、都统制王邦杰觉得自己作作陪也没什么，直接开城投降元军。

进入平江的伯颜显然没什么兴趣再和陆秀夫等人讲道理，只是简单地了解了南宋朝廷开出的休战条件是“称侄纳币”，其底线则是：如果忽必烈觉得赵㬎做自己的侄子规格还太高的话，赵㬎不介意叫声“忽爷爷”。这种口头上的便宜实在没什么吸引力，因此伯颜直接回答“不许”。而在陈宜中和南宋太皇太后谢道清一番磋商之后，南宋朝廷决定除牺牲宋恭帝赵㬎的“人格”外，再牺牲“国格”——南宋愿意成为元朝的属国。但是，主动提出约伯颜在长安镇（今杭州东北）相会的陈宜中，关键时刻却掉了链子。在伯颜抵达会晤地点之后，他迟迟不敢动身。最后，伯颜也没有同意南宋的条件。

既然和谈不成，那么就直接投降吧！南宋德祐二年（1276 年）正月十八日，太皇太后谢道清派遣监察御史杨应奎向伯颜转交传国玉玺和降表，正式请求投降。伯颜表示接受，不过点名要那个曾经放过自己鸽子的陈宜中前来商议投降事宜。令伯颜没有想到的是，陈宜中不仅没有胆量来谈判，连出来投降的勇气都没有，他直接从临安逃往自己的老家福州去了。同一时间离开临安的还有张世杰、刘师勇、陆秀夫等人统率的南宋野战部队，既然南宋朝廷已经放弃了抵抗，他们继续留在临安也没有任何意义。而文天祥则接任陈宜中的岗位，但此时，他名义上负责都督诸路军马，事实上不过是一个以执政的名义与伯颜谈判有关投降事宜的代理人而已。

文天祥雕塑

事实证明，文天祥的口才要比先前的柳岳强太多了。他与伯颜在明因寺的会谈中，首先就抓住了问题的中心点：“贵国是把南宋当成一个政权来受降，还是准备将其彻底毁灭？”伯颜当然只能回答：“我们是来受降的，不是来杀光你们的！”利用“受降”和“毁灭”是两个概念这一点，文天祥接下来大做文章：“既然是受降，那么请将军队撤退到平江或嘉兴一线，然后我们再讨论赔偿军费的问题，这样对大家都好；如果你们是打算彻底毁灭我们的国家，那么两淮、浙江、福建、广东，你们没有占领的地方还很多，大家摆开阵势继续打，还不知道结果如何？”伯颜这个时候才回过味来，于是自动转换到“军人模式”，开始以武力相威胁。不过，文天祥也是有备而来，回答说：“我是南朝状元、宰相，但欠一死报国，刀锯鼎镬，非所惧也。”

文天祥的软硬不吃令伯颜理屈词穷，只能将他软禁在军营里。同时，他派人以南宋朝廷的降表书写不规范为由进入临安，要求撤换文天祥。而此时元军虽然被禁止入城，但是由吕文焕、范文虎所率领的先头小分队已经穿过贴满了“好投拜”字样的城区，进入皇宫大内，觐见太皇太后谢道清。吕文焕多少还有些良知，在写给谢道清的谢表之中，他坦言：“兹衔北命，来抗南师，视以犬马，报以仇雠，非曰子弟攻其父母，不得已也，尚何言哉！”而谢道清则下诏临安城内的所有南宋正规军及民兵组织解除武装，并以“庶几生民、免遭荼毒”为理由，号召江南各地归附元廷。由贾馀庆接替文天祥的工作，以祈请使的身份前往元大都。随后，元军部队陆续进入临安城，接管库房、图书馆以及南宋各级官员的行政权力。

被软禁的文天祥直到伯颜邀请他出席招待贾馀庆等人的宴会时，才知道自己此前的努力都已经白费了。他在酒席宴间大骂贾馀庆卖国、伯颜失信。陪席的吕文焕想劝说几句，也被文天祥当作了发泄对象。文天祥认为，吕氏家族父子兄弟都受国厚恩，不能以死报国，全部都是叛逆。吕文焕自知理亏选择了沉默，不过他的侄子吕师孟多少有些不知趣，竟反驳说：“丞相曾经上疏请斩叛逆遗孽吕师孟，现在为什么不杀了我呢？”于是引来文天祥更为严厉的呵斥：“你叔侄都做了叛贼，没有杀死你们是本朝失刑。你无耻苟活，有什么面目见人？你们投靠敌人，要杀我很容易，但却成全我当了大宋的忠臣，我没有什么可害怕的！”这一番言论引得元军的将帅也跟着喝彩，大呼：“骂得痛快！”

不过，文天祥慷慨激昂的言辞并不能改变南宋灭亡的命运。南宋德祐二年（1276 年）正月二十四日，南宋新任左丞相吴坚、右丞相贾馀庆率领的祈请使团从伯颜军营出发，文天祥被裹胁其中。此时，临安城内的南宋政权彻底瘫痪。二月初一，伯颜命令征缴临安城内民间所藏匿的兵器。二月十二日，抽选南宋皇室后宫中的宫女、内侍、乐官诸色人等出城劳军。二月二十二日，宋恭帝赵㬎以下包括后妃、宗室亲王、各级官员以及太学、宗学生在内的数千人，被命令北上大都。只有太皇太后谢道清因为生病，暂时还留在空荡荡的

元军攻城场景雕塑群

皇宫之中。宋恭帝被元世祖废为瀛国公，后来入寺为僧；谢道清不久也被押往大都。南宋作为一个国家至此宣告灭亡。

张世杰、刘师勇及苏刘义等将领以朝廷不战而降为耻，各自领本部兵马撤出。宋度宗的杨淑妃在国舅杨亮节的护卫下，带着自己的儿子益王赵昰、广王赵昺出逃，在金华与大臣陆秀夫、张世杰、陈宜中、文大祥等会合，重整兵马，晋封赵昰为天下兵马都元帅，赵昺为副元帅。元军统帅伯颜率大兵穷追不舍，二王一路逃到福州。不久，南宋残余势力复立朝廷与元军对抗，刚满 7 岁的赵昰登基，是为宋端宗，改元“景炎”，尊生母、宋度宗的杨淑妃为杨太后，加封弟弟赵昺为卫王，张世杰为大将，陆秀夫为签书枢密院事，陈宜中为左丞相，文天祥为少保、信国公并组织抗元大业。

赵昰做皇帝以后，元朝加紧灭宋步伐。南宋景炎二年（1277 年），福州终于被攻陷，宋端宗的南宋流亡小朝廷直奔泉州。泉州市舶司、阿拉伯裔商人蒲寿庚与张世杰不和，张世杰要求借船，可是蒲寿庚阳奉阴违，导致船只不足。张世杰于是没收了蒲寿庚的船只和货物出海。蒲寿庚大怒，杀尽留在泉州的南宋诸宗室及士大夫。宋端宗准备逃到雷州（广东海康），不料遇到台

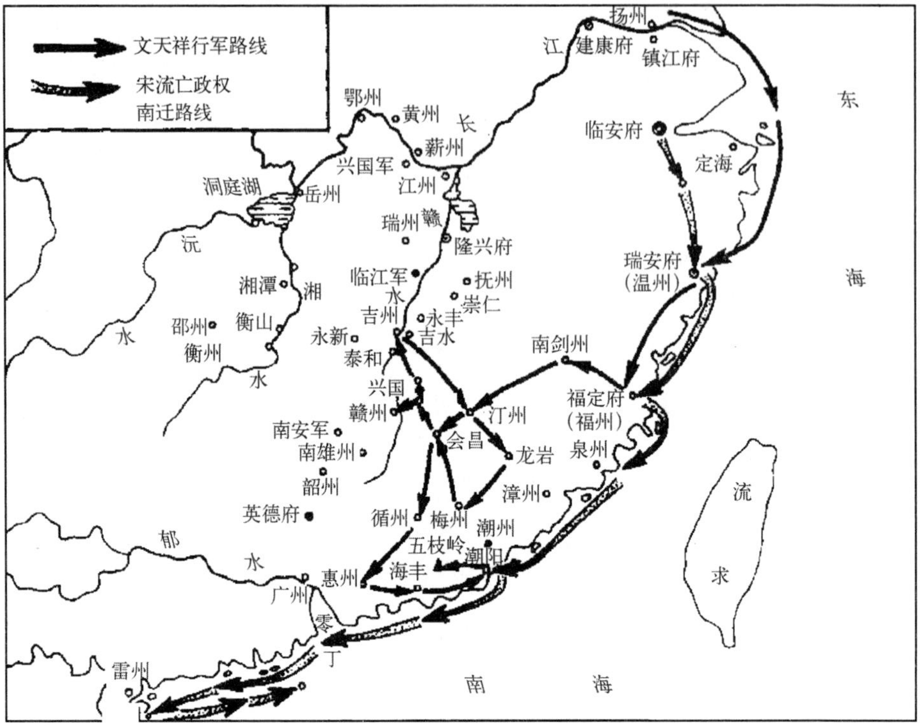

文天祥抗元及南宋流亡政权南迁路线

风，帝舟倾覆，他差点溺死并因此得病。左丞相陈宜中建议带宋端宗到占城（今越南南部），并且自己先行前往，但后来二王数次召其回来都不返。陈宜中后来又逃到暹罗（今泰国）并死在了那里。在宋端宗驾崩后，由他 7 岁的弟弟卫王赵昺登基，年号“祥兴”，这就是宋怀宗。赵昺登基以后，南宋小朝廷想占领雷州却失败，在陆上已无立足之地。因此左丞相陆秀夫和太傅（皇帝的老师）张世杰护卫着赵昺逃到厓山，在那里建立基地，准备继续抗元。

在广东和江西等地抗元的文天祥孤军奋战，因寡不敌众，被元军千户王惟义在海丰县的五坡岭生擒，陆上的抗元势力终于覆灭。

南宋祥兴二年（1279 年），元将张弘范大举进攻南宋流亡小朝廷，不久前攻占广州的元将李恒也带领援军加入战事。元军浩浩荡荡抵达厓山，南宋流亡小朝廷将做最后一搏。双方兵力比为：张弘范统领的元朝水军有战船 500 艘，但这时只到达 300 艘；张世杰有战船 1000 艘，兵民 20 余万人。两军在海上对阵。当时宋军没有大陆作依靠，孤立无援，得不到补充；而元军已经占领了整个大陆，后援不断。

此时宋军又犯了战略上的错误，企图据厓山死守，这种战略简直是自取灭亡。元军占有大陆，如同一个力量源源不绝的巨人；宋军在大海之上后勤断绝，也无后援，纵然能打败其一两次进攻，最终失败也是必然的。宋军有强大的海军，却不实行机动作战，反而将上千艘船只以“连环船”的方式用大绳索“一”字形连贯在海湾内，立起的楼棚如城堞，并且安排赵昺的“龙舟”在战船阵列中间。宋军中有人建议先占领海湾出口，保住向西方的撤退路线。张世杰为防止士兵逃亡，否决建议，并下令尽焚陆地上的宫殿、房屋、据点。

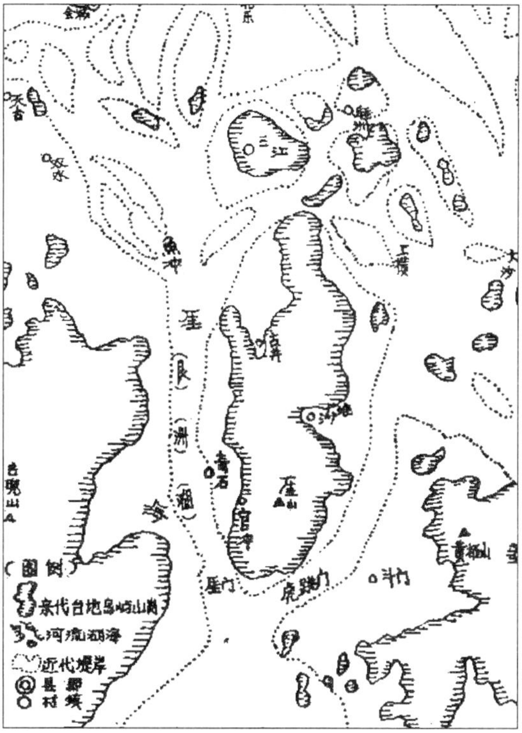

厓山古地图

元军以大军猛攻，可是宋军防御严密。元军攻不进去，于是又乘风以小船载茅草和火油，纵火冲向宋船。而宋船均涂满了泥，并用长木防御元军的火攻。元军火攻不成，就用水军封锁海湾，又以陆军断绝宋军登岸汲水及砍柴的道路。宋军水道断绝，无淡水可用，吃干粮十余日，只能饮用海水，士兵们多呕吐腹泻。张弘范派张世杰的外甥三次向他招降，均被拒绝。

陆秀夫画像

二月六日，张弘范预备总攻。元军将领中有人建议先用投石炮打坏宋军战船，但是张弘范认为，投石炮会打乱宋军的船阵，万一将宋军打散，反而令其容易撤退，所以否决。第二天，张弘范将元军分成 4 队，在宋军的东、南、北三面皆驻一军；他自领一军与宋军对峙，并以奏乐为总攻信号。首先由李恒率北路元军乘早潮进攻宋军。正午时分，张弘范的水军又乘潮水正面进攻，并用布遮蔽预先建成并埋下伏兵的船楼，以鸣金为进攻信号。各伏兵负盾俯伏，在矢雨下驶近宋船。两边船舰接近，元军鸣金撤布交战，一时间连破 7 艘宋船。大战中，1 艘宋船降下了桅杆上的战旗，结果大部分宋船的战旗也纷纷降下，士气尽丧。元军南北夹攻，宋军大败，元军一路打到宋军船队中央。这时张世杰见大势已去，迅速抽调精兵，和苏刘义带领余部十余只船舰斩断绳索，突围而去。赵昺的御船在船阵中间，此时天色已晚，风雨交加、迷雾大起，咫尺之间不能辨认，而元军又杀至。43 岁的陆秀夫见无法突围，先让自己的妻子投海自尽，然后对赵昺说："国事至此，陛下当为国死。德祐皇帝（指宋恭帝）受辱已甚，陛下不可再受俘虏之辱了。"说完，他就背起 9 岁的赵昺，一起投海身亡。不少后宫侍从和大臣亦相继跳海自杀，南宋军民 10 余万人投水殉国。张世杰希望奉杨太后的旨意再找宋朝宗室后人为主，以图后举；但杨太后在听闻赵昺的死讯后亦赴海自杀，张世杰将其葬在海边。不久，张世杰的船队遭遇台风，他本人溺死于平章山下。

宋怀宗赵昺陵墓碑记

陆秀夫负帝殉海像

文天祥之前已在海丰被俘，被张弘范拘禁在元军船舰上，目睹了宋军大败。他曾作诗《二月六日，海上大战，国事不济，孤臣天祥，坐北舟中，向南恸哭，为之诗》悼念：

长平一坑四十万，秦人欢欣赵人怨。
大风扬沙水不流，为楚者乐为汉愁。
兵家胜负常不一，纷纷干戈何时毕。
必有天吏将明威，不嗜杀人能一之。
我生之初尚无疚，我生之后遭阳九。
厥角稽首并二州，正气扫地山河羞。
身为大臣义当死，城下师盟愧牛耳。
间关归国洗日光，白麻重宣不敢当。
出师三年劳且苦，只尺长安不得睹。
非无虓虎士如林，一日不戈为人擒。
楼船千艘下天角，两雄相遭争奋搏。
古来何代无战争，未有锋猬交沧溟。
游兵日来复日往，相持一月为鹬蚌。
南人志欲扶昆仑，北人气欲黄河吞。
一朝天昏风雨恶，炮火雷飞箭星落。
谁雌谁雄顷刻分，流尸漂血洋水浑。
昨朝南船满崖海，今朝只有北船在。
昨夜两边桴鼓鸣，今朝船船鼾睡声。
北兵去家八千里，椎牛釃酒人人喜。
惟有孤臣雨泪垂，冥冥不敢向人啼。
六龙杳霭知何处，大海茫茫隔烟雾。
我欲借剑斩佞臣，黄金横带为何人。

张弘范曾经向依旧忠于南宋流亡政府的普通民众发问："你们的陈丞相跑了，文丞相也成了俘虏，你们现在打算怎么办?"他们与陆秀夫等人一样，用自己的生命作出了回答。站在今天的角度，有些人或许认为陆秀夫和张世杰等人的行为有些过激，甚至可以说是残忍。但是，我们终究不应该苛责那些

田汉作的《崖门怀古》（碑刻）

曾经有过锦绣前程、最终却选择了与自己的国家一同逝去的生灵。

南宋的灭亡，被视为中国古典时代的结束，对中国历史发展产生了深远的影响。在曾经刻下过“镇国大将军张弘范灭宋于此”字迹的厓山石壁之上，后人也刻下了“宋少帝与丞相陆秀夫殉国于此”的字样。虽然“沧海有幸留忠骨，顽石无辜记汉奸”的论述，对一出生就是蒙古汗国的子民、从未效忠过南宋政权的张弘范有失公允，但是“功罪昔年曾倒置，是非终究在人间”却足以道出人心之所向。而今天在深圳经济特区的蛇口赤湾港一侧的青山之上，当年由当地僧侣和民众为宋怀宗赵昺修建的宋少帝陵，依旧香烟袅袅，俯视着海湾内无数巨轮的停泊和起航。

葡萄牙帝国的崛起：第乌海战

1504年5月，有一个名叫弗朗西斯科·佩尔德里的威尼斯人接到了威尼斯共和国的最高情报机构——谍报委员会的命令，让他作为该委员会和整个共和国的代表，动身前往埃及开罗。他所要执行的这项任务并不轻松，甚至可以说是困难重重。自从6年前的1498年开始，从传统贸易伙伴埃及运来的昂贵货物——香料——就在不断减少，已经严重威胁到威尼斯这个垄断了欧洲到亚洲贸易多年的商业国家的命运。罪魁祸首不是那些昔日的老对手，包括同样来自意大利的商业共和国热那亚、伊比利亚半岛东部的海上强国阿拉贡王国；同样，也不是刚下海没多久，在海军和商业方面资历尚浅的奥斯曼土耳其帝国（简称“奥斯曼帝国”）和亦敌亦友的贸易伙伴马穆鲁克苏丹国。在堂·曼努埃尔一世国王统治下的西南欧小国葡萄牙，才是这场危机的始作俑者。6年前，正是该国的骑士团成员瓦斯科·达·伽马，率领一支船队绕过非洲抵达了印度西海岸，从而引起轰动。弗朗西斯科此行的目的便是为了解决葡萄牙人引发的麻烦而同埃及的马穆鲁克苏丹展开合作，想办法击败葡萄牙人，从而确保威尼斯共和国在地中海乃至整个欧洲地区的商业垄断地位不受挑战。

1507年的下半年，在埃及马穆鲁克苏丹国加里苏丹的一再催促下，舰队指挥官米尔·侯赛姆在6艘桨帆战舰和6艘卡拉克战舰以及1700名各族水兵就位后，率队出航。这批舰队是威尼斯人与马穆鲁克苏丹国合作的成果。由于葡萄牙对海洋的控制严重影响了马穆鲁克苏丹国的收入，因此为了夺回海洋霸权，加里苏丹必须在海上击败葡萄牙人。因此加里苏丹不但与威尼斯合作，还联络了西北印度的大国古吉拉特，当地的苏丹也决定出兵加入舰队，并且将自己国内的重要港口第乌作为联合舰队在印度的前进基地。

1507年，联合舰队从埃及的苏伊士起航后并没有马上赶往印度，他们首

达·伽马画像

先要去执行一项额外任务。在阿拉伯半岛西部，毗邻红海的港口城市吉达已经拖欠苏丹的款项好几年了。如今联合舰队突然兵临城下发难，统治当地的沙赫无力抵抗，不得不乖乖将拖欠的钱款悉数缴纳。米尔·侯赛姆的联合舰队靠着这次惩戒行动，进行了一次难得的演练。随后舰队驶往亚丁，这个坐落于阿拉伯半岛南部的国家因为葡萄牙人的斑斑劣迹而亟须安抚，完善的港口设施也可以为舰队提供良好的避风港和补给。在这个没有合适季风的季节，舰队无法像过去的穆斯林同行一样快速前进，只能沿着海岸线逆风而行。

舰队中的6艘桨帆战舰都装备了三角帆，在逆风中依然有办法前进。这些由威尼斯造船厂打造的新式大型桨帆战舰长度可以达到120英尺①，宽度可以达到15英尺。除了风帆，每艘战舰都有180名桨手提供不受自然因素左右的动力，与完全依靠风帆行动的船只相比，优势明显。大批来自希腊的桨手驱动着这些风格古老的战舰。作为一个有着2000多年航海历史的民族，希腊人在中世纪和近代依然是优秀的海员，无论是威尼斯还是奥斯曼，都需要这些有着优良航海传统的水手。况且这次舰队的桨手都是用佣金雇来的自由人，和许多地中海国家舰船上的奴隶桨手相比，士气非常高昂。这些战舰依靠经验丰富的威尼斯舰长指挥，每艘战舰上还有50名来自威尼斯和土耳其的专业水手和战士，他们手里的复合弓一直是令敌人胆寒的远射武器。桨帆战舰的主要武器是装载在艏部的主炮，通常是一门口径比较大的火炮；两侧甲板和艉楼都装备了用于杀伤敌人的小型火器，通常是被称作“打击者”的后装小型火炮；船首还装备了致命的铁制冲角，可以在战时冲撞敌方的木质船身，这种攻击方式往往比火炮更具有杀伤力。

① 1英尺=0.3048米。——编者注

舰队中的6艘卡拉克战舰则是欧洲新式战舰的代表。这些完全依靠风帆前进的战舰，和联合舰队即将面对的葡萄牙敌人手里的王牌装备如出一辙。它们专门用于远航，有400~600吨的吨位，在那个年代是不折不扣的“海上巨无霸”。船上装备了顺风时效率极高的大面积衡帆，也配备了可以用于逆风航行的三角帆。相比桨帆战舰，卡拉克战舰在逆风或者无风时候的机动性能不佳，但是较大的船体能搭载更多武器，尤其是高耸的艏楼与艉楼上可以布置很多“打击者”火炮。在之前葡萄牙人和穆斯林海军的海上战斗中，葡萄牙人经常依靠战舰居高临下的优势，将靠近的敌人打得抬不起头。况且这样的纯风帆战舰非常节约人力，每艘只需要几十个来自热那亚或者威尼斯的海员就可以航行和作战，船上较大的储物空间可以为舰队装载补给。不过，和葡萄牙人的卡拉克战舰不同，这些地中海出产的战舰并没像大西洋地区的“亲戚”那样装有带轮子的新式炮架。这也就意味着大型火炮只能布置在船体最中央的上层甲板上，相比葡萄牙船的侧舷火力，势必有些吃亏。

1289年，马穆鲁克军队攻陷“十字军”控制的的黎波里城。注意画中左下角的威尼斯战舰，桨帆战舰与全帆装船被混编使用

而舰队的指挥官米尔·侯赛姆并不担心在未来的遭遇战中，自己的部队会落入下风。威尼斯顾问为他提供了一套可靠的战术方针。将全帆装船与桨帆战舰混编的作战方式，自12世纪“十字军东征”的年代起，就已经被意大利人采用。1123年的提尔战役中，面对当时埃及法蒂玛王朝全部由桨帆战舰组成的舰队，威尼斯人将投石器装在较大的全帆装船上猛攻敌舰，而后以机动性较强的桨帆船出击，将敌军舰队歼灭。现在，侯赛姆的舰队也将使用这样的战术来对付葡

萄牙人。况且在印度，古吉拉特人的舰队还将加入本方，这使他在兵力上占据绝对优势，可以从容地使用手里的各种武器和战术。而侯赛姆面对的第一个挑战是如何顺利抵达印度。好在这些从地中海各地招募来的海员都是经验丰富的老手，他们很好地适应了印度洋地区的海况和天气，在1507年年底顺利穿过阿拉伯海，抵达古吉拉特的第乌港。

位于印度西北部提阿瓦半岛南端的第乌港，是古吉拉特苏丹国主要的港口之一。这个国家自15世纪早期建立以来，就一直享有香料贸易带来的繁荣。像第乌这样的港口，因为有良好的深水港而成为商船往来于阿拉伯海和印度沿海地区的重要锚地之一，又因为这个港口的位置直接面向印度洋，离泥沙淤积问题严重的坎贝湾有一段距离，所以随着时代的变迁，第乌港的重要性与日俱增。

联合舰队抵达第乌港时，古吉拉特苏丹国的海军将领梅里克·亚斯和他的40艘桨帆战舰已经在那翘首以盼了。巧的是，这位原籍高加索地区的海军大将也是奴隶出身。古吉拉特人的桨帆船样式比较陈旧，在吨位上也小于威尼斯人打造的同类产品；装备的火炮也是又少又小，主要武器还是弓箭。不过，船上的战士对于印度海域都非常熟悉。这40艘战舰的加入让联合舰队的规模一下子扩充了许多。侯赛姆与亚斯经过会晤，决定在短暂的休整后迅速南下，寻找他们的葡萄牙敌人。后者现在对于联合舰队的组建和出现毫不知情，里斯本方面虽然已经通过医院骑士团得知联合舰队的存在，但传递最新消息的船需要几个月时间才能到达印度。

1508年1月，联合舰队南下寻找葡萄牙舰队。葡萄牙驻印度总督唐·弗朗西斯科·阿尔梅达没有得到任何关于马穆鲁克和威尼斯舰队已经南下的消息，他本人正在科钦附近执行一些无关紧要的任务。葡萄牙国内虽然每年都会有新的舰队开来，但不少船在几个月后就离开印度，留下的常备舰队也有服役期，服役期满后就被新来的舰船替换。因此，阿尔梅达永远觉得自己的兵力不够用，一些印度当地士兵和本地建造的小型快船被总督征用作为补充。自从开始派发路牌后，为一些购买路牌的商船护航就成了他们新的任务。总督能征善战的儿子唐·洛伦索·阿尔梅达在1508年的1月就带着5艘卡拉维尔战舰为3艘本地的商船护航。当这支舰队接近印度西海岸中部的焦尔港时，

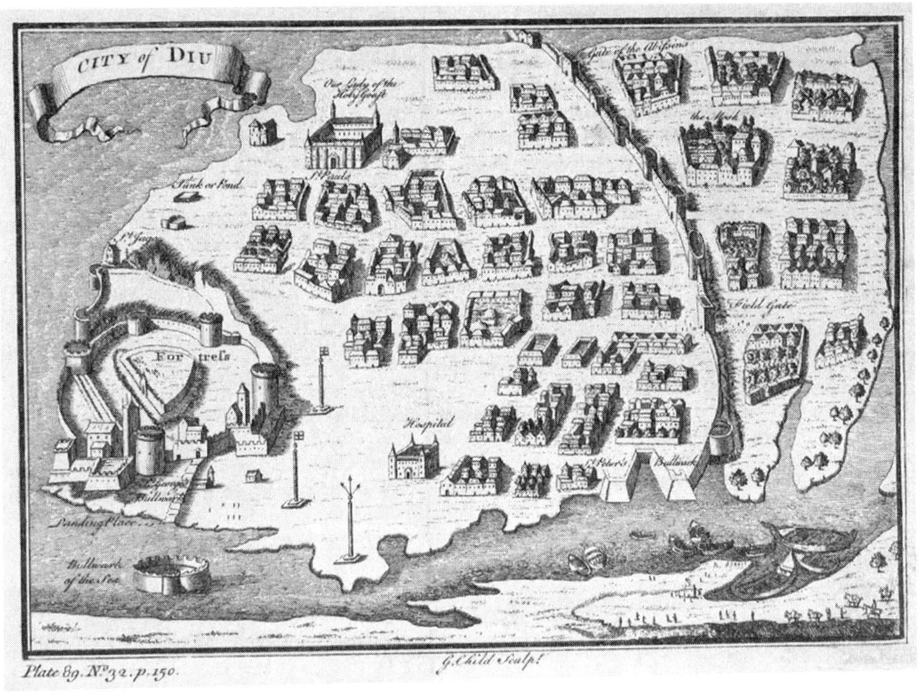

17 世纪英国人笔下的第乌城，其风貌与 16 世纪葡萄牙人到来时的样子基本一致

侯赛姆和亚斯指挥的联合舰队突然出现，一场遭遇战已经不可避免。洛伦索按照葡萄牙海军的作战惯例以及两年前击败卡利卡特舰队的经验，迅速将 5 艘卡拉维尔战舰排成一条纵队，以侧翼火力对付眼前的强敌。但是这次他遇到了大麻烦，数量占据绝对优势的敌方舰队已经将 5 艘葡萄牙战舰包围在了远海与海岸之间。洛伦索的小舰队失去了机动的空间，他的穆斯林对手却可以依靠桨帆战舰的浅水机动性，在他们周围来去自如。联合舰队中的古吉拉特战舰逼近葡萄牙战舰，企图利用水兵的人数优势发起跳帮作战。结果，这些西北印度的武士很快被葡萄牙人的压制性火力所震慑，只能在一段距离外与之周旋而无法攀爬上葡萄牙人的船。整整 2 天的时间里，联合舰队包围着这支葡萄牙小舰队，却无法发起致命一击。

第 3 天，葡萄牙人的弹药趋于枯竭，洛伦索不得不下令在风向有利时突围。米尔・侯赛姆当然不想让已经吃到嘴边的肉就此飞掉，这位经验丰富的马穆鲁克战士亲自指挥自己那艘大型桨帆战舰发起攻击。葡萄牙人在深水区和海岸之

葡萄牙驻印度总督唐·弗朗西斯科·阿尔梅达

间的狭窄地带难以施展，洛伦索自己的战舰就在浅滩处搁浅。联合舰队中的卡拉克战舰此时发挥了作用，舰上的火炮不时齐射，将葡萄牙人完全压制，其中一发炮弹几乎击中洛伦索本人。洛伦索凭着惊人的勇气，继续坐在一把椅子上指挥战斗，最后被另一发炮弹直接命中身亡。船上的其他人坚持战斗，总共100多名葡萄牙海员和士兵，最后仅有19人被俘。一位名叫安德烈·费尔南德斯的见习水手，此后还在船上的中帆杆篓斗内继续抵抗了2天。葡萄牙舰队中的5艘船，仅有2艘逃回科钦。

至此，葡萄牙人终于如梦初醒：威尼斯和马穆鲁克以及其他敌人已经联合起来了。这次反击是葡萄牙人踏足印度洋地区以来，遭遇的最猛烈的一次，也是葡萄牙人在印度地区的第一个败仗。对于兵力不足的阿尔梅达总督来说，100多人的伤亡和3艘战舰的损失可谓是灾难，儿子阵亡的噩耗更让这位已过盛年的老将痛不欲生。不惜一切代价复仇，是他现在唯一想要做的。

儿子洛伦索的战死对阿尔梅达来说是一个极其沉重的打击，这位总督把自己关在旗舰“海洋之花”号的船舱内，数日不出。沉默多日后，这位坚毅而果敢的战士终于走出了自己的船舱。周遭的同僚无不感到惊讶，这位老人竟能恢复得如此之快，只是他的面无表情与寡言少语，也无法掩饰其怒不可遏的复仇之火。之后的几个月里，阿尔梅达都在科钦的基地内策划他的复仇计划。

这一年的航海季节到来后，阿尔梅达首先对派出向导为联合舰队带路的卡利卡特发起报复性攻击。这座地区内的霸主城市已经一而再、再而三地单独或联合别国对抗葡萄牙势力。阿尔梅达亲自率领一支由3艘卡拉克战舰、6艘卡拉维尔战舰和2艘加莱船组成的舰队，气势汹汹地炮轰了卡利卡特的港口和城市。印度人只是使用旧式火炮招架葡萄牙人的“复仇之火”，他们的舰队已经在总督抵达之前，奉萨摩林的命令北上第乌，加入侯赛姆和亚斯的舰队去了。扑了个空的葡萄牙舰队在完成报复性打击之后，返回位于科钦的基地休整。

焦尔海战的失败，并不能让阿尔梅达总督有权留下即将返回本土的大船，他只有等新一批远征舰队从国内赶来，才有足够的兵力进行反击。这段时间内，总督只能对手下的战舰和武器进行一系列测试和维修，确保部队保持战备状态。最大的问题是，阿尔梅达在印度的 3 年任期也会在 1508 年之后届满，新任总督已经从里斯本出发，不久就会抵达印度。所以阿尔梅达想要为儿子复仇，就必须赶在继任者抵达之前动手。好在这一年的秋天，先后有 2 支葡萄牙舰队抵达印度，前一支是去年从里斯本出发的，由于天气问题在路上耽搁了大半年；第二支则是 1508 年的年度远征舰队。这样阿尔梅达手里的兵力逐渐增多了，他把这些战船集中起来进行统一训练。

更让在印度的葡萄牙人担忧的是，联合舰队会乘胜继续南下。他们在焦尔获胜后，成功地控制了印度海岸的大部分地方，霍尔木兹海峡和亚丁都已经恢复往日的繁荣。在印度海岸，葡萄牙人的控制范围已经重新龟缩到南部地区，坎纳诺尔以北的主要城市本来就摇摆不定，现在全部一边倒地投入马穆鲁克和古吉拉特的怀抱。就是在葡萄牙人的势力范围内，一贯坚决抵抗葡萄牙的卡利卡特也在准备重新组织舰队。幸好，联合舰队的指挥官侯赛姆和亚斯都认为舰队需要休整，穆斯林的海军才没有乘势将印度半岛南部的葡萄牙据点一个个拔除。那些习惯了地中海气候的海员被印度洋更加恶劣的海况搞得身心俱疲。因而在 1508 年年底，联合舰队一直停泊在他们的主要基地第乌，海员和士兵都离开军舰到岸上进行休整，他们被告知来年春天才会起航再战。

阿尔梅达手下的舰长们一样不赞同在 1508 年年底至 1509 年年初北上作战，印度洋地区在这一时期东北信风正盛，舰队北上势必逆风而行。但是总督本人不想继续等待，因为新任驻印度总督阿方索·德·阿尔布克尔克已经在 1508 年 12 月 6 日抵达印度的坎纳诺尔，要求还在科钦的阿尔梅达交接印度总督职务和军权；而在港口进行冬季休整的敌方联合舰队，也不会想到他在这个时候发起攻击。如果等到 1509 年的航海季节到来，那么不仅是卡利卡特人的舰队，还会有其他印度沿海国家和穆斯林舰队加入在第乌的联合舰队，阿尔梅达也不再有权力抽调部队北上。

1508年12月20日，经过一番思想斗争，唐·弗朗西斯科·阿尔梅达决定暂时违背葡萄牙国王的命令，在非航海季节北上作战。他在当天集合手中全部的战舰，除了需要返回里斯本的，一共有16艘战舰，包括9艘卡拉克战舰和4艘卡拉维尔战舰，外加2艘桨帆船和1艘小型桨帆快船，上面搭载了1500名葡萄牙海军士兵和400名从科钦招募的当地士兵。由于阿尔布克尔克尚在从坎纳诺尔到科钦的路上，阿尔梅达抓紧时间将这些部队全部带走。这支追随他北上的舰队，是迄今为止葡萄牙人在印度洋地区一次性出动的最大规模的舰队，他们的成败不仅关系到总督本人能否为儿子报一箭之仇，也会决定整个印度海岸乃至印度洋地区海洋贸易控制权究竟落入谁手。阿尔梅达北上的第一站就是葡萄牙势力的北方终点——坎纳诺尔，他召集全体舰长到自己的旗舰“海洋之花”号战舰上商讨作战方案。为了暂时安抚不安的手下，阿尔梅达一开始只是建议攻打北方不远的巴提卡拉等港口城市，因为仅定期攻击卡利卡特已经不足以威慑印度人了。

几天后，葡萄牙舰队就抵达了巴提卡拉，当地国王根本无力对抗总督强大的舰队，很快就向葡萄牙人投降。随后，舰队攻击了不远处的另一个港口奥诺尔。轻而易举地降服了这个城市之后，舰队北上到了安杰迪瓦岛补充淡水。阿尔梅达在岛上召开了第二次会议，舰长们一致决定，如果在海上遭遇联合舰队，就与他们血战到底；如果在海上未遇到敌人，阿尔梅达就应该率领他们去攻击港口城市道尔，而不是径直杀向设防严密的第乌。从安杰迪瓦岛起航后，由于东北信风异常强烈，整支舰队的航行速度都非常缓慢。

一幅安杰迪瓦岛的素描作品，该岛是海上贸易航行的一个重要中转站

16 世纪手抄本中的一些阿尔梅达舰队船只绘图

12 月 29 日，葡萄牙舰队抵达了道尔城。道尔当地的统治者支持古吉拉特苏丹的立场非常坚定，得知葡萄牙人北上之后，已经准备了军队和战舰来对付他们。阿尔梅达和舰长们一致认为，攻占此地非常有必要。舰队抵达当天，一支几百人的葡萄牙登陆部队就被送上岸，阿尔梅达下令对这座城市展开海陆夹攻。道尔的防御设施非常坚固，城墙上还装备了大炮，一支 6000 人的当地部队被动员起来防御城市；此外，道尔人在海上还有 4 艘经过充分武装的大型战舰防御城市港口外部。可是，这些精心准备的防御体系并没有挡住疯狂进攻的葡萄牙人。葡萄牙陆战队在己方战舰压制性炮火的掩护下，打退了道尔人的第一波攻击。随后，他们按照当时欧洲战场的作战模式，组成了一个长矛方阵向前推进，配备优质板甲和头盔的贵族处于方阵的最前排，身披印度本地棉甲的士兵紧随其后。方阵的前端和两侧都有火枪手不停地射击以提供掩护，很快就将以长弓闻名的印度弓箭手击退。海上的卡拉克战舰正在用密集而猛烈的火力轰击与之周旋的4艘印度战舰，这4艘大型桨帆战舰利用在浅水区的机动优势与强敌不停地纠缠。最终，数量和火力都占据巨大优势的葡萄牙战舰将这4艘作战勇敢的桨帆战舰全部打沉。葡萄牙登陆部队的长矛方阵经过血腥的肉搏战，把道尔人硬生生地捅回到城墙后面。道尔人继续依托坚固的城墙负隅顽抗，阿尔梅达让舰炮集中攻击城墙上的守军炮兵，把对手的印度土炮打得全部哑火。葡萄牙登陆部队乘势爬上城墙，尾随着溃兵攻入了这座城市。

尽管迅速取胜，阿尔梅达的部队还是有16人战死、220人受伤，道尔守军则有超过1500人战死。道尔之战成为阿尔梅达率军北上以来最激烈的一战。当天晚上，阿尔梅达才和大部分人登陆，鉴于道尔城顽强的抵抗，总督决定授权士兵第二天在城内抢劫，想以此犒劳自己的手下，也是为了震慑其他敢于反抗的城市。不过，他很快就收回了这个命令，因为他发现敌人的残军依然潜伏于城市的很多街道和社区之中，数量较少的葡萄牙人分散抢劫，非常危险。一不做二不休的阿尔梅达下令放火，将道尔城付之一炬，全军从陆地撤回到海边的船上，他们会在此地休整几天，再继续前进。

葡萄牙舰队驻扎道尔休整期间，阿尔梅达收到了古吉拉特人送来的两封信件。第一封信件来自古吉拉特的海军将领梅里克·亚斯，他在信中向阿尔梅达示好，表达了自己的善意，希望与葡萄牙人缔结和平协议，并与总督建立私人友谊。第二封信来自在焦尔海战中被穆斯林俘虏的葡萄牙士兵，他们告诉阿尔梅达，自己虽然被拘禁，但在梅里克·亚斯的庇护下得到了很好的治疗和照顾。显然，在得知葡萄牙舰队一路北上并攻克了道尔之后，梅里克·亚斯开始害怕自己无力对抗这伙强大的敌人。阿尔梅达对这两封信置之不理，他和他的舰队在道尔度过了1509年的新年，并说服舰长们继续跟随自己前进。攻克防御严密的道尔城之后，葡萄牙舰长和士兵们的信心也得到了极大的增强。

1509年1月5日，阿尔梅达率领舰队继续北上，很快抵达了道尔北面不远的焦尔城。尽管儿子战死在这个地方，但焦尔城并没有直接参与联合舰队对抗葡萄牙人的战斗，如果留下来攻击焦尔，难免增加部队的伤亡，也浪费了宝贵的时间。总督深知兵贵神速的道理，自己的行动已经被第乌的联合舰队和守军察觉很久，所以他不愿意在这里浪费时间。于是葡萄牙人在焦尔没有动用武力，只是对这座城市提出一笔巨额赔款，作为对葡方军事行动和之前一系列损失的补偿。按照葡萄牙王国当时的海上分红规则，这笔钱会有很大份额交予曼努埃尔一世国王，包括阿尔梅达自己在内的每个舰长和水手、士兵都会得到相应的分配。这样一来，不仅葡萄牙国王会因为额外的收入而考虑不对阿尔梅达的越权行为以追究，舰队上下每个成员也会因为有额外的报酬而不再对这次远征有过多的非议。生怕将士因此就满足的阿尔梅达，在给印度人开出罚单后便下令继续北上，焦尔城的赔款将在他完成远征第乌后的返程中顺道收取。这位深谋远虑的统帅自从 4 年前被派到印度以来，几乎每次大规模行动，都在与时间赛跑。

葡萄牙人离开焦尔后，北上抵达了下一座城市米尔。舰队停泊在米尔期间，葡萄牙人的 1 艘小型桨帆战舰独自前往北面的沿海，袭击了多个村庄。这艘战舰的士兵在岸上也遭到了当地人的袭击，包括舰长在内的很多人因此丧命。剩下的人一致推选一个名叫迭戈 · 梅德斯的贵族来指挥这艘战舰。他们离开海岸后一度失去方向，误打误撞中遭遇了一艘满载土耳其人的桨帆船，很明显，这艘船来自第乌。葡萄牙人趁对方还没有搞清楚是怎么回事，就发起了跳帮攻击，将船上的土耳其人全部杀死并占领了该船。让他们失望的是，这艘敌船上没有任何值钱的东西，也没有敌方的文件可供研究。而令人意外的是，他们居然在船上找到了一名年轻的匈牙利女子，她从千里之外的欧洲故乡被土耳其人俘虏后成为奴隶，现在又被土耳其人带到了遥远的印度洋。葡萄牙人焚烧敌船后，带着这个意外的收获返回了舰队。

阿尔梅达此时已经从米尔起航前往孟买，他终于给梅里克 · 亚斯写了一封回信。信中的措辞非常傲慢，言语间充满了挑衅。

我是以印度总督的身份来告诉你——梅里克 · 亚斯，第乌城的总督：我带领手下的骑士们向着你的城市来了。原因是在你们这里的一些人攻击我的同胞并杀死我的儿子，我是来攻打这些人的。我来这里是以上帝的旨意进行复仇，他会帮助我完成此事。如果我没有在你的城市里找到这些人，让他们为自己的所作所为付出代价，你也别指望能够逃跑。你协助敌人在焦尔发起攻击的行为真是一个绝好的主意。我现在告诉你这些事情，这样你到时候就能意识到来的人是我，因为我已经在来的路上了。我现在是在孟买给你写下这封信，给你送信的人会告诉你这个情况的。

16 世纪初期的奥斯曼土耳其军队。其海军士兵也和陆军一样，喜欢使用传统的土耳其弓箭、弩、戟和中东风格的弯刀

这封信传递到梅里克·亚斯手中的时候，道尔城被攻陷的消息已经让第乌人心惶惶。梅里克·亚斯非常担心葡萄牙人北上到第乌来找自己的麻烦，现在，阿尔梅达的回信让他彻底打消了用非战争手段解决与葡萄牙人之间争端的想法。焦尔之战结束后不久，联合舰队就回到了第乌，没有进行多余的战斗。几个月来，亚斯一直在做备战工作，他给自己的战舰尽可能地装上更多的火炮，配置更多的士兵。他的战舰中，最大的 4 艘已经被武装到了“牙齿”，威尼斯的技术人员和卡利卡特来的工匠一起为它们配置了新式欧洲大炮。到 1509 年年初，第乌的古吉拉特舰队已经准备就绪，10 艘新的桨帆战舰加入舰队，这下古吉拉特人有 50 艘战舰了。

相比之下，米尔· 侯赛姆就显得漫不经心。从焦尔之战结束后，他的战舰就处于闲置状态，人员都上岸休整去了，连在焦尔之战中被打坏的船体也没有进行维修。更糟糕的是，这位马穆鲁克的海军指挥官虽然已经从大洋对岸的开罗收到了苏丹追加的军费拨款，却没有把这笔钱发放到舰队当中。这让联合舰队中那些为钱而战的雇佣军非常不满。1507 年他从苏伊士出发的时候，舰队有 1700 人；到了 1509 年年初，由于阵亡、伤病和大量人员开小差，舰队只剩下不到 800 人。一些留下来的土耳其志愿兵甚至搭船南下，抢劫村庄，迭戈·梅德斯一行人迷航时遭遇的正是这些土耳其人。一直到道尔被攻陷消息和阿尔梅达的回信送达，米尔·侯赛姆才开始进行备战工作。

由50艘桨帆战舰组成的卡利卡特的舰队，在1508年抵达第乌后就一直和古吉拉特人的战舰停泊在一起。随行而来的还有学习过欧洲铸炮技术的专业人员，他们和威尼斯人不但为古吉拉特的战舰添加了强大的火力，还在梅里克·亚斯的支持下，和土耳其人一起为第乌港口的防御设施建造了新的炮台。

作为海防工程的重点，炮台要塞最早起源于1453年的君士坦丁堡围攻战。当时的奥斯曼土耳其人虽然在陆地上将君士坦丁堡包围得水泄不通，但却无法用他们孱弱的海军封锁去往君士坦丁堡的海路。意大利人的船总是能够顺利突破封锁，为即将咽气的拜占庭帝国送去最后一点“甘露”。于是，土耳其人在扼守马尔马拉海与爱琴海之间的达达尼尔海峡两侧，修建了专门的要塞，配以当时最新式火炮。据记载，曾经有过一炮打沉一艘威尼斯战舰的纪录。55年后在印度西北海岸，土耳其人又在第乌建起了海防要塞，上面装备的火炮来自全欧洲最好的威尼斯兵工厂，比之前道尔城头的土炮厉害得多。

米尔要塞遗址

第乌本身是一个靠近大陆的岛屿，在本岛与大陆之间有一条狭长的海峡，因为水足够深，且相对封闭，逐渐成为过往船只的可靠避风港。第乌岛的东南端面向外海，同时把守着进出港口水道的大门。梅里克·亚斯让人在这个地方修建了一座大要塞——米尔要塞。从外海进入内港入口的另一侧，是大

土耳其人的海防要塞遗址。正是这些要塞最终将已经支撑了上千年的拜占庭帝国“一剑封喉”，难以被攻陷的君士坦丁堡永远地落入了土耳其人手中

片浅滩，其中有一处沙洲在涨潮时会成为一座独立的小岛。亚斯接着派人把这座小岛改造成一个小型要塞——都曼要塞，这样可以与本岛的米尔要塞互为掎角，成为水道入口的两位“门神”。如果敌军战舰突破了两座要塞的交叉火力封锁，那么它们还会“品尝”海滩上的第乌炮兵从侧面射来的炮弹。联合舰队的战舰则以逸待劳地停泊在内港，平静的内港有利于船舶的稳定和炮手射击。相对狭窄的水道让敌人的战舰只能一艘艘地依次进入，对防御一方来说非常有利。

都曼要塞遗址

面对日益临近的葡萄牙舰队和怒火难平的阿尔梅达，米尔·侯赛姆和梅里克·亚斯召开会议商讨对策。虽然大家一致同意在第乌港开战，但是两位舰队指挥官却在具体战术问题上产生了严重分歧。米尔·侯赛姆坚持将整个舰队派遣到外海，拉开架势和葡萄牙人决一胜负。他的理由非常充分，联合舰队拥有巨大的数量优势：6 艘卡拉克战舰和 6 艘大型桨帆战舰作为核心；古吉拉特人有 50 艘桨帆战舰，其中有 4 艘是巨型战舰；卡利卡特人还有 50 艘小型桨帆战舰保驾护航。所有主力战舰都装备了火炮，人员都已经找齐，并且经过训练，只有冲到外海，他们的数量优势才会最大化地体现出来。焦尔战役的胜利说明，只要战术指挥得当、武器装备充足，联合舰队一样可以击败不可一世的葡萄牙战舰。但是，梅里克·亚斯坚决反对这样的战术安排，他强烈要求联合舰队将自己的主力布置在港口的水道口处抛锚，依托海防要塞和炮兵的火力支援，以防御代替进攻，以此挫败敌人。梅里克·亚斯之所以固执己见，除了他作为第乌的总督，不想让自己的舰队和城市面临太大风险，还在于他担心米尔·侯赛姆的真实动机是为了能在战局不利时抛弃自己，直接逃往红海。

为了防止米尔·侯赛姆的舰队借机逃往红海，梅里克·亚斯最后下令，将卡利卡特人的战舰部署在马穆鲁克人的大船周围，从而迫使后者一直停在港内，无法脱身。部署完毕之后，出于对未来战局的担忧和对盟友米尔·侯赛姆的不信任，梅里克·亚斯借口前去部署陆上作战的计划而离开舰队，返回了第乌城内。他将自己掌管的古吉拉特舰队和卡利卡特舰队一同托付给了米尔·侯赛姆，后者即将成为这位狡诈总督的替罪羊。临行前，亚斯甚至还给阿尔梅达写了一封信，提前祝贺对手已经取得这场战役的伟大胜利，然后他就一直躲在位于第乌城内的住所，摆出一副坐山观虎斗的架势。

当第乌城的穆斯林联军正在为一系列问题算计时，从孟买出发的葡萄牙舰队也遇到了麻烦。1 月的东北信风异常强烈，逆风的葡萄牙舰队几乎难以前进。在阿尔梅达的领航员的建议下，葡萄牙人离开近海，朝着大洋深处开进，希望以此避开强风带。结果，他们很快就在外海迷失了方向，领航员不得不宣布无法在逆风的休航季节抵达第乌，总督和舰长们应该考虑返回科钦。这一结果让阿尔梅达近乎绝望，他只能逼迫一名沿途抓来的穆斯林俘虏给他带路，据说此人过去曾是商船上的领航员。阿尔梅达总督承诺，只要领航员把他们带到第乌，就会被释放，重获自由。结果在这名优秀的“带路党”帮助下，葡萄牙人意识到自己已经在远海航行到了目的地以北的海域，于是整个舰队掉头，朝着东南方前进。

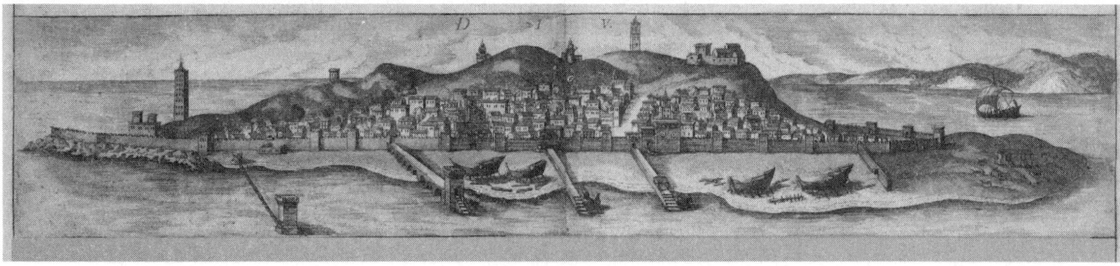

1572 年的第乌城绘图

1509 年 2 月 2 日下午，阿尔梅达终于望见了第乌的海岸线，整个舰队立即进入战备状态。顶着违抗国王和新任总督命令的罪名，经过两个月不辞辛劳的艰苦航行和危险战斗，葡萄牙人战胜了不可逆转的风向与天气，现在终于摸到了敌人的老巢。纵然第乌已经是全民皆兵，布满陷阱，葡萄牙舰队的战士们也不想有任何退路可寻。

阿尔梅达穿上骑士阶层才能拥有的精致胸甲，戴上头盔，步伐有力地走出自己的船舱；他手里提着的佩剑来自卡斯蒂亚的桑托莱，是欧洲驰名的顶级武器。各艘战舰的舰长和贵族军官们全部披挂完毕，手下的士兵和水手们也穿戴整齐。他们都明白，最后的决战已经到来。如果取胜，就可以留名青史，还有机会发家致富；如果失败，那么无论逃往印度的什么地方，都会面临奋起追击的穆斯林和印度人痛打落水狗似的屠杀。因为违反国王和新任总督的命令，溜回国后也可能死在绞刑架上，所以奋勇杀敌是他们唯一的出路。而唯一能缓解此时紧张气氛的人，便是军中的神父。他们高举十字架，手捧饱经风霜的《圣经》，帮助阿尔梅达和他的部下们进行最后的弥撒。低沉而沙哑的嗓音，伴随着海风的气味在各艘战舰之间回荡，此时它对于舰队的每个人来说，却是天籁之音，远远胜过里斯本教堂内的精选唱诗班。

第乌港内的米尔· 侯赛姆也已经得到敌军来袭的报告，他坐镇自己的旗舰，指挥着这座岛上全部的军事力量。趁着梅里克·亚斯撒手离去，独揽大权的米尔· 侯赛姆下令古吉拉特和卡利卡特的全部战舰驶出内港，到外海去迎击葡萄牙人。在他直辖的马穆鲁克和威尼斯联合舰队中，有 6 艘卡拉克战舰被留在了港内，6 艘桨帆战舰则被一同派了出去。接到命令的联军士兵立即登船备战。

外海上的葡萄牙舰队已经完成祷告，一时间军乐队鼓声大作、号角与鸣炮响起，信号旗在每艘船之间迅速传递。葡萄牙舰队的舰长们都心领神会地将自己的座舰按照战术标准依次排列，很快就组成一条狭长的纵队；只有 3 艘不参战的桨帆船被留在了后面。炮手已经为大大小小的后装舰炮装填完毕，装有炮弹和火药的后备子铳也准备就绪。火枪手们不时低头查看手中的火绳枪，对着蛇形钩上微微冒烟的火绳轻轻吹气。他们身边的弩手则要专注得多，箭矢已在弦上，只等凶恶敌人的脑袋进入射程范围了。阿尔梅达随后下令整个纵队朝着东北风向逆风而行，以便在开战后抢占上风口的有利位置。

第乌港内的联合舰队已经陆续出现在港口外的海面，他们按照古老的传统战术将战舰布置成一排排横队，从远处看去，仿佛陆战中士兵经常组成的方阵。船上的桨手在监工的鞭笞下，奋力划动手里的大桨，大口大口地喘着粗气；甲板上层的武士们手握弯刀和圆形盾牌，屏住呼吸；炮手已经装填好炮弹，只等上司一声令下。由于原先的指挥官梅里克·亚斯不在，现在的代理指挥官米尔·侯赛姆也远在港内的旗舰上，那些古吉拉特和卡利卡特来的桨帆战舰乱作一团。虽然勉强排出了长度和纵深都极大的横队，大小不一的战舰却排列得非常不规整，划桨速率也缺乏协调。这让混在古吉拉特和卡利卡特人中间的地中海同僚们非常不习惯，无论是威尼斯人还是奥斯曼土耳其人或者西班牙人，都不会让自己的舰队在这种混乱中与敌人遭遇。但是对于士气旺盛且强调勇气第一的穆斯林和印度人而言，这种“万岁冲锋”[①] 式的陷阵打法却是他们海上交锋时的常态。

不知不觉之中，联合舰队的战舰已经全部出港，并且在争先恐后的竞速赛式推进中，逐渐脱离了港口 2 座要塞的火力支援范围。足足 100 多艘桨帆战舰组成的阵列虽然杂乱无章，却也蔚为壮观。远处的大部分葡萄牙人，包括统帅阿尔梅达自己都没有见过这样的大场面。望着敌人越来越近，紧张的情绪再次弥漫，从舰长到水手，个个神经紧绷。不过总督心里有底，他的舰队并没有像自己的儿子在焦尔时那样被包围，浩瀚的大海对于他的舰队来说是绝佳的战场。觉得时机成熟后，他马上下令各舰依次向左转，整个舰队以 180 度的大转弯完成了一次漂亮的逆时针运动，顺着强劲的东北信风迅速南下，犹如一堵会移动的巨大城墙挡在联合舰队的桨帆船面前。就在联合舰队的大部分士兵暗自惊叹这些高大的帆船竟然能有如此快速而灵活的动作时，葡萄牙人猛烈的火力倾泻而来。无论是卡拉克战舰还是小一些的卡拉维尔战舰，都装备了后装的“长蛇炮”，这种强调射程的火炮以其较为细长的外形而得名于此，非常适合海战中进行远距离射击。葡萄牙战舰上的新式轮式炮架，让他们的战舰侧舷能配置远远多于以往数量的火炮；提前准备好的备用子铳，让这些火炮能够在战时连续射击。

卡利卡特人的小型单桅或者双桅战舰，只要挨上一发葡萄牙人的“长蛇炮”炮弹，就会基本失去战斗力。他们安装在船头的火炮口径太小，射程也

① 指太平洋战争时期，日军经常发起的自杀式人海进攻。——编者注

近很多，放在同时代的陆战战场也只是步兵的轻型支援火器，稀稀落落的射击更是形不成有效的威胁。他们唯一的希望就是快速接近敌船并爬上去，将战舰变成陆战战场。古吉拉特人的桨帆战舰相比之下要大不少，但是依然无法装备足以匹敌葡萄牙大炮的火炮，船上的战士比卡利卡特人更期望展开跳帮肉搏。但当他们好不容易接近敌人时，葡萄牙人装在战舰艏楼和艉楼上的小型“打击者”火炮又射来更密集的火力，火绳枪和弩箭也不停地朝他们发射。几艘侥幸突破火网的联合舰队战舰，很快就因为上层甲板人员死伤惨重而失去了战斗力。联合舰队右翼的一些桨帆战舰企图逆风迂回到葡萄牙舰队的前方，阻挡他们的前进。但是在人力与信风的较量中，自然力量难以抗拒。联合舰队的包抄计划失败，这些船也遭受了葡萄牙战舰又一阵炮火“洗礼”。

阿尔梅达第二次下令舰队向左转弯，于是葡萄牙战舰的纵队又完成一个干脆的逆时针转向，与联合舰队的距离再次拉大；它们顶风前进，在首尾相连的阵形下使用船体另一侧火炮继续射击。联合舰队的士气一下子跌落到谷底，按此发展下去，他们几乎没可能接近和消灭敌人。作战海域的水深越来越大，颠簸的海面已经让桨帆战舰上的士兵难以站稳。眼看这样的战斗没有任何效果，米尔·侯赛姆只得派人传达撤退的命令。庞大的联合舰队于是返回了第乌岛，但是并没有停泊在内港，而是奉命在岛屿东北部的浅滩下锚。阿尔梅达见状也下令舰队在较深的水域下锚，其中较大的几艘卡拉克战舰停泊在更靠近敌军的位置，排成防卫阵形，其他船只则停泊在它们的内侧。

远在第乌城内的梅里克·亚斯一直通过探子了解港口战事的情况。当他得知米尔·侯赛姆命令古吉拉特和卡利卡特的舰队都停泊在港口外的浅滩时，对这位马穆

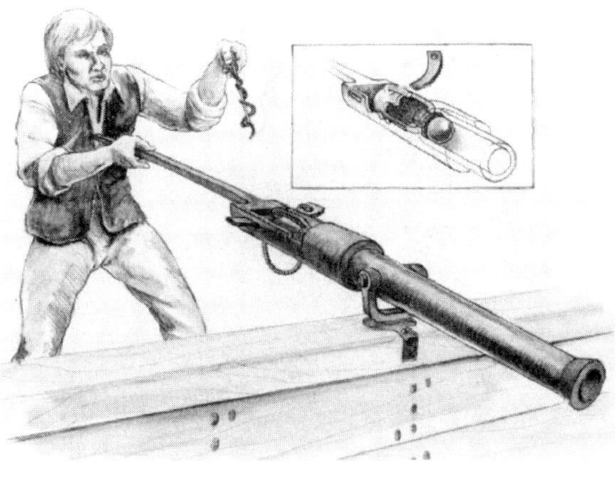

小型的“打击者”火炮，从16世纪开始就是战舰上的近距离杀伤利器，并一直被使用到风帆战舰退出历史舞台

鲁克指挥官非常气恼。由于他一直怀疑米尔·侯赛姆准备逃往红海而抛下自己，所以他马上派人去海边，命令这些船都回到内港停泊。米尔·侯赛姆对此无可奈何，他虽然是名义上的最高指挥官，现在却丝毫管不住这些不听话的“地头蛇”。他只好让这些桨帆战舰依次入港，停泊在港口最里侧，联合舰队的最精锐战舰则停泊在外侧，和岸上的炮兵为之提供保护。

平心而论，米尔·侯赛姆的安排还是比较合理的。若这位马穆鲁克战士想率本队不战而逃，那么趁着印度人都在外海迎战葡萄牙人的时候，他完全可以立即动身。而先前侯赛姆将自己一半的精锐战舰留在第乌港，另一半出海作战，说明他根本没有要临阵脱逃的意思。梅里克·亚斯一味地希望躲在内港，依靠岸上的炮兵帮忙防御，但是数量如此之多的战舰如果全部集中在狭窄的港内，很有可能出现调度不灵、被一网打尽的惨剧。所以侯赛姆先将火力较强的战舰留在内港防御，不仅有他手下的 6 艘卡拉克战舰，还有 4 艘古吉拉特人的大型桨帆战舰。侯赛姆的进攻作战方针也非常务实，即利用古吉拉特和卡利卡特舰队的数量优势去消磨葡萄牙人的体力、弹药和士气，而后再出动精锐决战。当他发现葡萄牙舰队的火力和机动性远远强于自己的印度盟军时，就及时停止了不必要的自杀行动，避免更大伤亡。此时之所以让那些精锐战舰停泊在港口的入口处，也是出于防御港口的作战考虑，不想将过多的时间花费在出港和布阵上。相比胆小而爱猜忌的梅里克·亚斯，米尔·侯赛姆无疑是一位称职得多的指挥官。

阿尔梅达的旗舰“海洋之花”号是那个年代最先进的海战装备，它在第乌海战中大放光彩，同阿尔梅达一起留名青史

当天晚上，葡萄牙舰队全体人员枕戈待旦，生怕穆斯林舰队趁夜幕前来偷袭。阿尔梅达则在旗舰“海洋之花”号上召集部下商讨第二天的战术。所有人一致同意在第二天直接攻入港口，而不是在外面等待敌人出来。采取这样的行动，战术将异常简单而粗暴：舰队会以纵队突入港口，随后每艘船寻找各自的目标，在狭窄空间

内与敌人展开你死我活的近距离交战。一旦形成这样的局面，古吉拉特人部署在第乌的要塞和炮兵都将失去作用，因为他们无法在那么近的距离内，跨过己方战舰开火。港内数量占据绝对优势的敌方桨帆战舰，也会因为狭窄的地形条件而无法展开，数量优势将无从发挥。

舰长们还说服阿尔梅达放弃了亲自指挥“海洋之花”号去寻找米尔·侯赛姆的座舰进行决斗的念头。因为总督的战舰装备最好，在之前的作战中也没有任何人员损失，因此在明天，葡萄牙人的旗舰将冲到内港深处，依仗火力和高度来阻击那些数量众多的桨帆船。其他战舰也被依次分配了各自的任务：4 艘最大的卡拉克战舰将逐一对付联合舰队的 4 艘同类大型战舰；4 艘较小的卡拉克战舰将去对付古吉拉特舰队的 4 艘大型桨帆战舰；2 艘较大的卡拉维尔战舰负责拖住联合舰队中 2 艘较小的卡拉克战舰；另外 2 艘卡拉维尔战舰被作为机动兵力使用；2 艘桨帆战舰中的 1 艘将冲到最前面，负责探测航道水深；另 1 艘桨帆战舰则被留在队伍的最后面，当有船只搁浅时，负责将其拖行出水道。最后 1 艘小船将紧紧跟随旗舰，负责在交战中传递阿尔梅达的命令。

18 世纪末的阿布基尔海战（又称“尼罗河河口海战”）堪称海战史上的一个里程碑，而交战方的战术动作无疑是对第乌海战的一次模仿与升级

看到这里，了解风帆时代海战的读者或许会想到2个世纪后的另一场更为有名的海战——阿布基尔海战。今天的很多人都只在意纳尔逊在埃及的意气风发，却远远没有注意到早在1509年，阿尔梅达已经在印度海岸完成了这一伟大战术的预演。

1509年2月3日凌晨，阿尔梅达给舰队的每艘战舰都送去了一封亲笔信，亦如将近300年后纳尔逊给英国皇家海军打出的标志性旗语——“英格兰期盼所有人恪尽职责”。

先生们，过了今天，我们的穆斯林敌人就不能再猖狂多久了。所以大家要打起精神，在基督徒战斗精神的感召下，等待我的信号，紧紧跟随在我身后，保持队伍的紧密。你们将会看到，我们是如何打败他们的！

整个早晨，葡萄牙舰队都停泊在自己的锚地，等待进攻时机的到来。利用这宝贵的时间，士兵和水手们进行着最后的休息。对面港内的穆斯林舰队一样不敢掉以轻心，虽然大部分士兵凭借其过去的经验，认为防御严密的港口是最安全的，但是米尔·侯赛姆和他的威尼斯顾问们都知道现在很容易遭到攻击。无论是1283年的马耳他海战还是1340年的斯鲁伊斯海战，龟缩在港口内的那不勒斯舰队和法国舰队，最后都被奋勇杀进来的阿拉贡海军和英格兰海军全歼于自己的锚地。现在，他们的处境何其相似！米尔·侯赛姆的旗舰就停泊于内港航道入口不远处，他不时走出船舱观察远处葡萄牙人的动静。

斯鲁伊斯海战是英法百年战争中的第一场决定性海战，也是一场堪称经典的“龟缩舰队覆灭记”

到了上午9时，原本微弱的北风逐渐加强，这是非常有利于葡萄牙人进攻的风向，但是阿尔梅达依然按兵不动，他在等待潮汐的来临。第乌内港的航道宽度仅有150米，大部分地方水深也只有数米，如果不等涨潮来临就发起攻击，那么葡萄牙人的战舰将会在港内搁浅，暴露在守军的交叉火力之下。一直到上午11时，北风变得异常强劲，而涨潮时刻的来临也让海水大量注入第乌的内港。眼看时机成熟，阿尔梅达下令开始进攻。旗舰“海洋之花”号首先鸣炮示意各船起锚前进，接着，军乐队的号角再次在船上响起。铆足了劲的葡萄牙人降下风帆，打开船体侧面的炮门，势不可挡地向着第乌杀去。惊心动魄的时刻来临了！

迭戈·普莱斯舰长率领打头阵的桨帆战舰，以最大速度向着内港冲去。紧随其后的是佩雷拉舰长指挥的一艘卡拉克战舰，名叫“桑托”号。该舰因为年久失修，被安排在第一波发动攻击，这样即使损失了，对葡萄牙舰队的战斗力也影响不大。两艘船就这样依靠强劲的北风，顺着涨潮的激流迅速冲入了内港。早有准备的守军炮兵立即从两座要塞向他们开火，几艘卡利卡特人的小船也奋力划过来向他们射击。葡萄牙人的战舰顿时被各个方向射来的炮火覆盖，船体多处中弹。但是他们顾不得这些麻烦，一边开火还击，一边继续向着港内猛冲。穆斯林士兵发现，这些冲进来的葡萄牙战舰的船身已经用大片网布覆盖，船体外面还挂着装满棉花的袋子，并包裹了浸湿的牛皮。不少炮弹打在这些临时加装的“复合装甲”上面，几乎不能造成多大伤害。“桑托”号很快就认准了自己的目标——米尔·侯赛姆的旗舰，即联合舰队主力战舰队列中的第二艘。经验丰富的佩雷拉指挥船员们将战舰急速左转，径直插入了敌军旗舰与另外一艘较小的卡拉克战舰之间。随着一声令下，“桑托”号左舷的全部火炮在近距离向米尔·侯赛姆的旗舰一阵齐射，炮弹在这艘威尼斯人打造的战舰上炸出一个个巨大的破口。伴随着葡萄牙人怒吼式的欢呼，联合舰队的旗舰上弹如雨下，不少船员还没弄清楚是怎么回事就被炸死了。

葡萄牙人的第二艘卡拉克战舰很快就进入了内港，从右侧逼近了联合舰队的旗舰。见形势对自己异常有利，佩雷拉拔出佩剑，带领葡萄牙士兵跳上敌舰，顶着对面的火枪和弩箭进行肉搏。一旦攻下敌人的旗舰，不仅可以严重挫伤对手的士气，还能抓住或者杀死他们的最高指挥官米尔·侯赛姆。舰上残存的马穆鲁克人和威尼斯人也拔出刀剑与之短兵相接，但是很快就被数量占优的葡萄牙人所压制，甲板和艏楼先后被攻占。危急时刻，附近一艘联合舰队的卡拉克战舰前来助战，从“桑托”号的右侧向其发起攻击。现在被夹攻的对象成了“桑托”号。佩雷拉赶忙命令手下撤回到自己的舰上，在掩护他的士兵后退时，一支弩箭命中了他的喉咙。葡萄牙士兵将奄奄一息的舰长拖回自己的战舰，两侧敌船上的马穆鲁克人、威尼斯人甚至西班牙人尾随而至，合力想要跳上他们的船。“桑托”号上的士兵使出浑身解数与之较量，后装炮频繁地喷射弹药，火绳枪与弩也不停发射。敌人的反击异常凶猛，葡萄牙士兵们只得用剑和长矛将爬上来的敌人一个个捅下去；最后，他们不得不使出中世纪时的海战方法，从较高的艏楼上撒下石灰粉，这才将疯狂反扑的敌军暂时击退。

由加西亚舰长率领的第三艘葡萄牙战舰，也朝着联合舰队的旗舰包抄过来。加上之前就到位的2艘，3艘卡拉克战舰已经将米尔·侯赛姆的旗舰彻底包围，密集的火力将反攻到甲板上的马穆鲁克战士一扫而光。排在第四位出场的是阿尔梅达总督的旗舰“海洋之花”号。这艘葡萄牙舰队中装备最为精良的战舰很快就驶过了航道入口处的混战区，一路朝着更深处冲锋，毫不理会沿途的敌船射来的炮弹。在最前方，迭戈·普莱斯的桨帆战舰已经为“海洋之花”号指明了前进的路线，阿尔梅达的座舰便跟随前者的航迹，在硝烟滚滚的内港水道上蛇形前进。那艘负责传递命令的快船一直紧紧地尾随着它。第五艘葡萄牙战舰稍后进入港内，同前几艘一样，按照计划插入了联合舰队的阵列之中，两舷的火炮同时开火，将在咫尺的敌人压制得喘不过气来。随后又有4艘卡拉克战舰冲进了内港，目标是古吉拉特人的4艘大船，其中有2艘几乎肩并肩地靠在一起。葡萄牙人寻找到它们之间的空当后果断转向，如同标准流程一般打开炮门，又是一阵炮火“洗礼”。这些古吉拉特人的最强战舰虽然已经经过改进，但是士兵们在低矮的甲板上，面对船身高耸的卡拉克战舰时，仍旧难以抵挡。

最后，葡萄牙人的4艘卡拉维尔战舰杀了进来。前面2艘较大的分别找到了自己的目标——2艘土耳其人的小型卡拉克战舰。这些大型化的卡拉维尔战舰在之后的近距离交战中并不显得吃亏，葡萄牙士兵们面对的是使用著名的土耳其弓的奥斯曼志愿军，后者一样被各类后装火炮和火绳枪的密集攻势所横扫。2 艘小一些的卡拉维尔战舰则冲到了更里面的位置，其中 1 艘停下来配合己方的卡拉克战舰围攻古吉拉特人的旗舰。这艘巨舰原本是梅里克·亚斯的座舰，打造得比战场上的其他战舰都要庞大，但在葡萄牙战舰的围攻下受损严重。

阿尔梅达指挥的“海洋之花”号一路高歌猛进。他本想让“海洋之花”号直接抢占航道中路的阵位，不过在经过 1 艘联合舰队的卡拉克战舰时改变了主意。趁着这艘敌舰正在同葡方交火，阿尔梅达让自己的旗舰左转并贴了上去，以毁灭性的齐射给予对方致命一击，目标当即开始下沉。完成这个额外收获之后，“海洋之花”号重新航行到航道的中央位置，然后放下铁锚。内港深处的大量桨帆战舰此时都向这个方向划过来，这些古吉拉特人和卡利卡特人再次展现出高昂的士气和勇猛的战斗精神。横在前方的“海洋之花”号成了众矢之的。他们一股脑地围上去，欲将这艘高大的旗舰俘获。“海洋之花”号上的火炮开始向这些桨帆船开火，伴随着震耳欲聋的炮声，接近该舰的穆斯林士兵成片地倒下，跌入水中。火炮射击产生的硝烟很快将巨大的战舰笼罩起来，随即弥漫到周边的空气中。数量众多的穆斯林桨帆战舰堵塞在拥挤的航道内，烟雾又让水手们越来越看不清周围的情况和目标；伴随着恐怖的气息，越来越多的人和船只被葡萄牙人的火炮击中。根据战后统计，在这天的战斗中，“海洋之花”号一共发射了 1900 多发大小炮弹，杀死的敌人无从统计。之后，葡方的另一艘小型卡拉维尔战舰也加入了这里的战斗。即使眼前的战况如此激烈，阿尔梅达都没忘记让马丁指挥的小型快船去了解水道入口的战况。

很快，马丁的小船带回了鼓舞人心的消息：加西亚带领的 3 艘卡拉克战舰已经成功地占领了敌人的旗舰，米尔·侯赛姆不知所踪。加西亚的战舰还在战斗中摧毁了另外一艘联合舰队的大型卡拉克战舰。加上之前阿尔梅达的旗舰击沉的那艘，联合舰队的主要战舰已经有一半被消灭了。剩下的 3 艘卡拉克战舰也很快在葡萄牙人猛攻下被一一攻占。4 艘古吉拉特人的大型战舰也已经被击沉了 1 艘，葡萄牙人顺势又夺取了 2 艘；但是对方的旗舰依然在负隅顽抗，临近的3艘葡萄牙战舰都没有办法将其制服。加西亚的战舰不久也赶来支援，但是面对这艘坚固的大船，他也无从下手。在不得已的情况下，葡萄牙战舰全部远离古吉拉特人的旗舰，并在远距离不停地使用舰炮对其进行轰击。这艘巨舰在上层建筑全部被摧毁后还支撑了很久，直到吃水线区域被打出数个巨大的破洞才逐渐沉没。

几艘葡萄牙战舰又前去帮助阿尔梅达，它们依次在“海洋之花”号前后排开，用可怕的火力摧残着已经在水道内乱成一团的穆斯林船只。海面上到处是漂浮的尸体和依然在挣扎的落水者，尸体烧焦的气味与浓重的硫黄味交织在了一起。已经杀红了眼的葡萄牙人无从理会这些，此时，射杀任何看得到的活物成了一种“本能”。

经过整整6个小时的激战，葡方有包括2名舰长在内的32人战死，300多人受伤；阿尔梅达的舰队摧毁了敌人的4艘大型战舰并且俘虏了另外6艘，击毁的小型战舰不计其数。联合舰队开战时的800名士兵、水手现在只剩下了200人，他们的印度盟友损失大得无法统计。打到下午5时退潮的时候，阿尔梅达担心晚上在港内遭到火船攻击，因而下令撤退。整支舰队顶着第乌守军的炮火袭击，成功撤退到了港外。他们将所俘战舰上的武器和财物抢劫一空，只留下尸体和空船壳任由他们昔日的主人处置。第乌的反葡萄牙军事力量已经被彻底摧毁。

当夜，葡萄牙人为他们这场史诗般的胜利弹冠相庆。阿尔梅达亲自探望每名伤员后与舰队中的所有人一一拥抱，无论对方是贵族还是普通士兵。唯一遗憾的是，他们没有能够杀死或者活捉米尔·侯赛姆，他在自己的旗舰被占领前已经受伤，被部下用一艘运送粪便的小船偷偷送出了战场。第二天日出前，梅里克·亚斯的使者送来了他的投降信，这位懦弱的指挥官表示愿意投降并且献出第乌城。阿尔梅达则要求他立即释放焦尔战役中的俘虏，否则一切免谈。1个小时后，这些被拘禁了将近一年的葡萄牙人被送了过来，他们都已经按照梅里克·亚斯的安排穿上了豪华的绫罗绸缎，手里都拿着15枚金币。

阿尔梅达在第乌一直待到1509年2月12日，在与梅里克·亚斯完成谈判后带领舰队返回科钦。马穆鲁克－威尼斯联合舰队留下的几艘大型桨帆战舰和一些卡拉克战舰已被焚毁，阿尔梅达让人修复并拖曳2艘最大的卡拉克战舰返回自己的基地，其他战利品和战场上遗留的武器都被交给了梅里克·亚斯。

这场史无前例的大胜确立了葡萄牙在印度洋地区无可争议的主导地位，威尼斯借刀杀人的计划宣告破产，共和国不得不依靠其他办法继续同葡萄牙人进行斗争。马穆鲁克重新控制红海—印度洋贸易航线的战略也遭到重创。这不仅是军事灾难，更是一场攸关国运的死局：红海贸易的衰落直接导致开罗的中央政府出现财政危机，对地方封建诸侯的控制力降到了最低水平。仅在8年后，奥斯曼土耳其人便顺势南下，用两场战役就将这个号称“拥有世界上最强骑兵”的帝国完全击败。在这一过程中，不再受开罗中央政府束缚的地方封建诸侯们起到了关键性的作用。印度沿海的古吉拉特和卡利卡特被迫放弃之前和葡萄牙人正面交锋的外交政策，双方的关系趋于缓和。原打算将自己的势力范围延伸到印度洋地区的奥斯曼土耳其人，也在他们的第一次军事行动中受挫。

第乌遗留下来的城墙

阿方索·德·阿尔布克尔克。他是葡萄牙早期的航海家、探险家，于1503—1504 年第一次远赴印度，1504—1508 年在波斯湾和红海地区执行任务，1509 年从阿尔梅达手中接过印度总督的职务。在阿尔梅达的殖民基础上，阿尔布克尔克更进一步，攻占了后来葡萄牙在印度的首府果阿，随后攻占马六甲，进攻亚丁和霍尔木兹岛，并且派出探险船抵达中国海岸。后因宫廷政治斗争失势，阿尔布克尔克在悲愤中死于海上。他被誉为“葡萄牙东方帝国的建立者”

第乌海战不仅宣告了葡萄牙控制印度洋地区、建立其东方帝国时代的来临，也在无形中诞生了“海权帝国”这一新的帝国模式。过去的海上强国，无论雅典、迦太基还是威尼斯，都无法突破自身的局限性，他们的强大舰队只是陆军争霸战争的一种辅助，最终的成败胜负依然靠陆军而不是靠海军在维系。葡萄牙人的成功第一次让一个国家能够依靠海军来为自己建立辽阔的帝国，并且也是依靠海军来继续拓展和维护自身的霸业。他们在印度洋沿海各处的大部分战斗都是依托舰队和海军基地来进行的，陆战则成为了海战的附属。这在过去，无论对于地米斯托克利还是亚历山大和汉尼拔，都是无法想象的。一直到第乌海战过去 300 多年后，“海权论”的倡导者阿尔弗雷德·塞耶·马汉才将这种“新的战略”描绘给世人。但他开篇讲的就是英格兰与荷兰的海上争雄，世人也跟着将“海上马车夫”和“日不落帝国”的葡萄牙老师忘得一干二净，第乌海战的时代意义自然也就不太为人关注了。

就战术而言，第乌海战前后的葡萄牙人依然堪称开天辟地的海战宗师：1500 年前后开始实行制度化的纵队战术，与 100 多年后英格兰人发扬光大的战列线战术基本异曲同工。当世界上其他主要海军强国的舰队还在对分组混战推崇备至之时，葡萄牙舰队已经在茫茫大洋上灵活地使用着那一条条细长的战列线。阿尔梅达杀入第乌港内的做法，犹如后来纳尔逊这位“日不落帝国”海上强权代言人的“名片”。英国皇家海军在阿布基尔和特拉法尔加的伟大胜利，都似乎在向“启蒙老师”葡萄牙致敬。

1509 年 12 月，已经从印度总督位置上卸任的阿尔梅达启程返回葡萄牙，但他注定无法再回到自己的祖国。第二年的 2 月底，也就是第乌海战结束一周年后，这位统帅在非洲海岸同当地土人交战时丧命，享年 60 岁。他的继任者阿尔布克尔克则在印度展开了一系列新的战略行动。葡萄牙东方帝国的边界将在这位继任者手中向北扩张到红海与波斯湾，向东拓展到锡兰与马六甲。第一艘抵达中国海岸的西欧船只也在他的任期内出发。

风帆时代的序曲：勒班陀大海战

随着拜占庭帝国的灭亡，奥斯曼土耳其人席卷了欧洲东部，他们通过在北非和中东的基地，加强了对地中海的控制。基督教①国家再也没有像“十字军东征”期间那样齐心协力地应对奥斯曼土耳其的威胁。1570 年 3 月 28 日，土耳其苏丹的密使库巴特来到威尼斯，向执政官递交了一份措辞颇为强硬的最后通牒，要求共和国立刻交出塞浦路斯，否则大军一到，生灵涂炭，寸草

16 世纪后半叶繁荣的威尼斯（古籍绘图）

① 在世界范围内，天主教、东正教、新教（基督新教）被统称为“基督教”，都以《圣经》为经典。这里的“基督教”意指天主教。——编者注

不留。威尼斯元老院表示不能屈服，于是战争随即打响。1570 年 7 月 1 日，土耳其苏丹出动大军入侵塞浦路斯。到 8 月中旬，登陆兵力已超过 20 万人。

在罗马教皇庇护五世倡导下，创立了一个对抗土耳其人的基督教“神圣联盟”。葡萄牙和神圣罗马帝国不愿为此效力，而西班牙和意大利城邦响应教皇的号召，并派遣自己的舰队在墨西拿海峡集中。因为他们很清楚，在联军陆军登陆塞浦路斯前，要先在海上击败土耳其人。

这支基督教联军主要由三股力量构成：教皇国、西班牙和威尼斯，也包括少量热那亚、马耳他骑士团（即医院骑士团）等方面的部队。面对共同的威胁，他们尽释前嫌。在教会提供的资金保障下，基督教联军打造了一支强大的舰队，启程前去解救塞浦路斯。各方都委任了自己信赖的指挥官。

吉安·多利亚

教皇国舰队司令可·安东尼奥·柯隆纳

9 月 21 日，当基督教联合舰队在奥斯曼帝国海岸线附近躲避暴风时，斥候船带来了令他们震惊的消息：塞浦路斯北部重镇尼科西亚沦陷了。第二天，经过冗长的商讨，以可·安东尼奥·柯隆纳为代表的大多数指挥官都强烈要求撤退，威尼斯舰队指挥官扎内也被迫让步。于是，这支庞大舰队未发一弹便踏上了归途。西班牙舰队指挥官吉安·多利亚谨记国王腓力二世“保存实力”的嘱托，率队脱离整支舰队，一马当先。这方面他确有先见之明，因为稍后基督教舰队便遭遇了风暴，共失去 13 艘战舰，而多利亚的舰船无一损失。接踵而至的还有斑疹伤寒和暴风雨。当舰队跌跌撞撞返回基地时，教皇国与西班牙都认为对方应为惨败负责。如果说这只是令教皇感到非常沮丧的话，对威尼斯共和国则可以用“晴天霹雳”来形容，他们甚至将舰队指挥官扎内投入了大狱。而腓力二世却反其道而行之，为多利亚晋升了军衔。

威尼斯人此时抓紧时间生产战舰，扩充军备，但仍面临海军兵力不足的问题。他们的舰队正停泊于科孚岛，由新任海军司令塞巴斯蒂安·维内罗领导。维内罗已有75岁高龄，刚接替锒铛入狱的前任，被威尼斯国民寄予厚望。他是一头“雄狮”，忠心耿耿，坚毅果断，但脾气暴躁。作为一个老派威尼斯贵族，维内罗对西班牙和热那亚抱有成见。他听闻塞浦路斯战事吃紧的消息，便极力鼓动威尼斯当局同意他独自出兵援救法马古斯塔（塞浦路斯东南方的要塞军港），却徒劳无功。威尼斯元老院认为己方舰队实力不足，独自出海风险过大，于是他只能等待。终于，“神圣联盟”的基督教联军于1571年又在西西里北部的墨西拿会合了。在这里，维内罗遇到了不受欢迎的柯隆纳，虽然有一年前的前车之鉴，但庇护五世依然坚持任命他为教皇国舰队司令。6月，柯隆纳启程前往那不勒斯，以便恭候姗姗来迟的西班牙人及其主帅。

腓力二世在本国舰队司令人选一事上犯了难。他原本中意热那亚人多利亚，但教皇明确表示反对，认为多利亚应对1570年失败的远征承担责任，而威尼斯人也对他厌恶尤甚。腓力二世不得不起用第二人选——奥地利的唐·胡安亲王。事后证明，这是一个明智的决定。

塞巴斯蒂安·维内罗

唐·胡安此时年仅24岁，是查理五世的私生子，腓力二世国王的同父异母弟弟。他仪表堂堂，英勇无畏，光明磊落，一生都渴望骑士荣誉，与审慎精明的兄长截然不同；虽然年轻，但也在镇压摩里斯科人叛乱时展露了军事才能。1571年时，唐·胡安是腓力二世唯一的继承人，因此国王不愿让他身涉险境。为了保护其安全，并为他出谋划策，腓力二世安排了不少精兵强将予以辅佐，包括吉安·多利亚、路易·德·列奎生与第一代圣塔克鲁斯侯爵巴赞。国王要求唐·胡安作出重要决定前必须咨询这三个人的意见，虽然巴赞以血气方刚著称，但有老成的多利亚压阵，国王相信胡安不会采取过分冒险的策略。

然而，这些精心安排却令年轻的亲王感到手脚被束缚了。因为是私生子的关系，唐·胡安的仕途难免经历坎坷，王兄偶尔也表现出轻慢（例如，国王禁止唐·胡安使用“殿下”的头衔）。唐·胡安虽然光荣地成为西班牙舰队司令，但国王安插的副将令年轻人芒刺在背，因为这代表着不信任。胡安渴望通过一场胜利来证明自己，甚至以此为自己带来一顶王冠。6月，他离开马德里，前往“神圣联盟”舰队集结地。与多利亚不同，胡安一心想着建功立业，而不是为帝国保存实力，当战机出现时，他绝不允许它从手边溜走。

唐·胡安亲王

千里之外的东方，奥斯曼土耳其帝国的舰队司令阿里帕夏①与他的舰队也做好了攻略克里特的准备。他出生于安纳托利亚，与唐·胡安相比，仿佛来自另一个世界。胡安有一个显赫的父亲，而阿里的父亲不过是埃尔迪内一位普通的穆安津（Muezzin，为伊斯兰世界中的清真寺宣礼员），这也是阿里的绰号“穆安津之子”（Müezzenade）的由来。据说由于出身低微，他只得子承父业，去伊斯坦布尔（即君士坦丁堡）从事同样的工作。然而，由于其嗓音有如天籁，竟直达苏丹皇后耳畔，并得到了皇后垂青。于是阿里进入宫廷，成为朝臣，后来更是成了苏莱曼大帝的驸马。与唐·胡安相仿，阿里帕夏既是一名海军将领也是一位外交家、政治家，曾于1563—1566年任奥斯曼帝国驻埃及总督。他的军事经验也很丰富，在1560年加入皮亚勒帕夏的舰队，取得了杰尔巴岛之战的大胜；稍后是功亏一篑的马耳他围攻战

① “帕夏”是奥斯曼土耳其帝国高级官员的称谓，通常称呼将军、总督等高官，是一种敬语。

（1565 年），他在战役中指挥埃及军团作战。1571 年时，他已官居第四维齐，同时兼任“卡普丹帕夏”（即奥斯曼土耳其海军司令）。同僚们对他评价甚高：勇敢而睿智，热爱艺术，宗教虔诚，洁身自好。但与唐·胡安一样，他在苏丹宫廷也是某种局外人。因为此时土耳其苏丹更喜欢重用基督教改宗者，尤其青睐通过卡皮库鲁制度自幼送入宫中长大的基督徒后裔，例如苏库鲁和皮亚勒。而阿里偏偏是个土生土长的土耳其人。于是，他也渴望通过建立不朽功勋，来证明自己的价值。

土耳其舰队司令阿里帕夏的画像

具有决定性意义的是，两位海军主帅都缺乏大规模海战经验。与他们麾下的将领相比，阿里帕夏和唐·胡安只能算新手。但老将也有自身痼疾：多年的经验告诉他们，海洋变幻莫测，一个风向的转变，一个调度的失误，都可能造成严重后果——于是他们的指挥常常显得谨小慎微。而两位“新人”反而没有如此多的顾虑，他们更倾向于如同古代骑士那样，面对面地展开决斗。这就为此后的空前海战埋下了伏笔。

欧洲的舆论其实并不看好“神圣联盟”的基督教联军，特别是它以西班牙人作为主力，而西班牙人办事拖沓是闻名遐迩的。唐·胡安赶赴前线的进程也同样遵循了如此传统——他于 6 月 6 日离开马德里，直到 7 月 20 日才登上自己华丽的旗舰“皇家”号，启程前往意大利。这是因为西班牙国内的圣战热情高涨，一路上，劳军款待的人群大大拖延了行军速度。在热那亚，多利亚家族像对待查理五世那样，以假面舞会恭迎胡安的驾临。据说唐·胡安高超的舞艺令在场显贵无不倾倒。从热那亚到罗马、那不勒斯，唐·胡安的风度与热忱掀起了一股旋风，整个意大利的“十字军”情结也被唤醒了。

总体而言，两支舰队各有千秋。基督教舰队在吨位和装备上占有上风，而土耳其舰队拥有更大的规模；前者作为联军，需要克服作战指挥上的分歧，而后者没有如此隐忧。土耳其人拥有机动性更好的小型舰船，可作为奇兵随时楔入敌方舰队的薄弱之处，或者驰援本方的危局；但威尼斯“加莱赛”战舰这样强大的“移动炮台”，亦是奥斯曼土耳其海军闻所未闻的。此时，奥斯曼帝国还拥有一定心理优势，毕竟他们还笼罩在苏莱曼大帝的文治武功之下，在勒班陀海战前数十年间，除了少数几次失败（如1565年的马耳他围攻战），不论海战和陆战，他们都屡战屡胜，军力正处于奥斯曼帝国历史上的顶峰。但唐·胡安领导下的这支看似纷争不断的舰队，却会成为他们迄今最难以应付的劲敌。

作为主帅，唐·胡安不得不游走于各派力量之间，尽力保持团结与均衡。这位年轻的亲王有着异乎寻常的亲和力，他访问各艘战舰，聆听将士的心声，鼓励他们，鞭策他们，甚至亲手化解了未遂兵变……如果要做类比的话，他在联军中的作用及地位与第二次世界大战中的艾森豪威尔将军最为类似。唐·胡安不仅军事才能值得称道，更重要的是其外交斡旋的能力与个人魅力出众，他已经成为整个“神圣联盟”的强心针与凝结剂。不过，自巴巴罗萨·海雷丁掌控奥斯曼土耳其海军以来，基督教舰队已经连续在普雷韦扎（1538年）和杰尔巴岛（1560年）遭遇了两场大败，将士们内心深处难免有些畏战情绪，海战策略战术的调整势在必行。对此，唐·胡安从善如流，做了诸多改革（参加过普雷韦扎海战的老兵唐·加西亚·托莱多的建议尤其令他获益良多）。首先，他将整个舰队分为左、中、右三支分遣队，彼此保留一定距离，互为犄角：主帅居中，两翼交由信任的将领指挥，以免规模庞大的舰队因指挥联络不畅、互相拥挤而发生混乱。其次，唐·胡安更加重视火器的运用，为此下令拆除了大部分战舰的撞角，并加装艏部大炮（此举能大幅增加艏部炮群的俯角，便于抵近射击），不惜牺牲桨帆战舰传统的近战撞击功能。这体现了他对海战新趋势的理解：传统的肉搏式海战必将渐渐落伍，未来的海战更依赖于炮战。同时，西班牙步兵火绳枪的配备比例也远高于奥斯曼土耳其军队，盔甲亦更精良。唐·胡安尤其叮嘱众位舰长，开战后要遵循“抵近射击”的原则。考虑到那个年代火炮射程、精度的局限性，他要求务必等待敌军进入有效射程后，在近距离密集开火，给予其最大杀伤。这些新颖的战术要求，会为接踵而至的决战带来不小变数。

9月，大军已集结整训完毕。唐·胡安便在9月10日于旗舰“皇家”号召开了最后一次战前会议，整个舰队的70名主要指挥官悉数参加。会上，胡安提出两种方略供大家商议选择：或者主动出击，与敌人决战；或者以逸待劳，等土耳其人找上门来。不出所料，教皇国与威尼斯的将领倾向速战速决，而以多利亚为首的西班牙指挥官表示应小心为上。听罢各位将领的陈词，唐·胡安最终坚毅地表示：我个人决定立刻发起进攻！如果西班牙舰队表示异议，我也愿意单独与威尼斯和教皇国的舰队出征！随后是对主帅建议的投票，在唐·胡安目光注视下，多利亚等人也不得不投下赞成票。

随着舰队向东进发，对土耳其舰队情报的需求越来越迫切。唐·胡安派遣马耳他骑士吉尔·德·安德拉达率领4艘快船潜出侦察。3天后，吉尔传回了不祥的消息：土耳其人已经袭击了科孚岛，并再次向普雷韦扎移动。联合舰队抵达之前，他们很可能已经分散在各地过冬了。舰队上下遭受了当头一棒，幸运的是，当晚夜空中出现了一颗明亮的流星，这被普遍解释为上帝的吉兆。于是士气得到恢复，联合舰队又继续启程了。

事实上，这份情报仅部分正确。土耳其舰队在亚得里亚海所向披靡，获得了大量战利品，他们甚至围攻科孚岛长达11天之久。但一听说“神圣联盟”的基督教舰队启程的消息，土耳其舰队便迅速后撤到位于科林斯湾的基地勒班陀，目的是暂避锋芒，等待伊斯坦布尔的最终指示。自3月以来，阿里帕夏的舰队一直驰骋在海上，舰船亟须维护，水手们也疲惫不堪。加之亚得里亚海的行动空前成功，战利品也消磨着士兵的斗志。依据以往的经验，传言中的基督教舰队很可能因为内部纷争作鸟兽散，或者正准备过冬以待来年。于是水兵们纷纷要求上岸休整，甚至有部分人开小差投奔了艾哈迈德帕夏的陆军部队。

阿里帕夏久经沙场，同样重视情报工作，他的方式甚至更加大胆。9月初的一天，一艘不起眼的黑色桨帆船潜入了墨西拿港口，这里驻泊着基督教舰队。而那位桨帆船船长竟是意大利出生的海盗卡拉·霍德佳（此时已加入奥斯曼土耳其海军，为阿里帕夏效命），他不光仔细计算了港内舰船的数量，甚至带回了唐·胡安的作战计划。从表面上看，基督徒的情报战必定是完败于土耳其了。

充满戏剧性的是，虽然卡拉·霍德佳的潜入异常成功，但他不幸数错了联军战舰的数量。墨西拿港还有一个隐蔽的内港，当时停泊着60余艘威尼斯战舰，而卡拉·霍德佳漏过了这一切。于是，他报告给主帅的内容是：基督教舰队仅有140艘舰只。实际上，唐·胡安麾下的战船超过了200艘。阿里帕夏对兵力如此薄弱的敌人竟敢主动出击怀有疑虑，但依然派遣快船将此重要情报送往伊斯坦布尔。大约与此同时，唐·胡安的舰队已出现在科孚岛外，他们接纳了一批土耳其交换释放的威尼斯战俘。这些士兵也带来了错误情报——土耳其舰队仅有160艘战舰，人力短缺，名将乌鲁克·阿里帕夏[①]也不在阵中。然而真相是：土耳其舰队总数超过300艘，乌鲁克只是临时前往莫顿护送战利品，很快便返回岗位。几天后，吉尔通过若干希腊渔夫获得的情报“证实”了以上消息：土耳其舰队缺兵少将，战胜他们将不费吹灰之力。具有讽刺意味的是，同一批希腊人也给了土耳其斥候“基督教联军不堪一击”的消息。双方的情报都有纰漏，都大大低估了对手，这将对最终的战果产生重大影响。

9月29日，吉尔的侦察船带回了重要情报：奥斯曼土耳其舰队主力正停泊于勒班陀。与此同时，一艘克里特快速帆船也带来了法马古斯塔失守的消息。虽然在9月27日，腓力二世从马德里发出一封密信，要求唐·胡安回到西西里过冬，等待来年再图进取，但为时已晚，胡安已下定决心。基督教舰队在哥米尼查做了最后休整，唐·胡安亲自巡视了每艘战舰，将士们都情绪激昂，主动请缨，舰长们也获得了详细的作战计划。舰队准备向勒班陀进发，与奥斯曼土耳其海军做最后的对决。

而在10月2日这天，基督教舰队中积蓄已久的敌对情绪终于爆炸了。最初的起因是由于威尼斯战舰上人力短缺，唐·胡安便半强迫地要求威尼斯人接纳数千名西班牙和意大利其他城邦的水兵作为补充。威尼斯舰队司令塞巴斯蒂安·维内罗对此敢怒不敢言，直到10月2日上午，多利亚出于战前准备

① 与奥斯曼土耳其舰队司令阿里帕夏不是同一个人。——编者注

今天的勒班陀港，依然保存着当年的要塞工事遗迹

的需要，提出要检查威尼斯船只的备战情况。维内罗勃然大怒，他素来轻视这个热那亚人，对他的合理要求也当成挑衅断然拒绝。雪上加霜的是，稍后在一艘威尼斯战舰上，威尼斯籍水手与西班牙籍水手发生了严重斗殴。威尼斯舰长紧急向维内罗指控西班牙人，后者于是未经调查就派遣 4 名手下前去逮捕西班牙滋事者。不料，舰上的西班牙军官穆西奥·阿提科兹带头开枪拒捕，造成多人伤亡。维内罗这座“火山”终于彻底爆发，他派遣一队全副武装的步兵登舰抓捕“暴乱分子”，更是在没有通知唐·胡安的情况下，直接将阿提科兹等 4 人吊死在他们所在船只的桅杆上。唐·胡安一时也按捺不住火气，宣称要立刻将维内罗明正典刑。多利亚乘机煽风点火，游说主帅撇下威尼斯与教皇国，独自班师回国。双方舰队都荷枪实弹，剑拔弩张，内战几乎一触即发。对峙数个小时后，理性终于战胜了冲动。唐·胡安宣布再也不愿与维内罗打交道，作为妥协，威尼斯方面则安排副帅巴尔巴里哥代替维内罗行使职务，参与作战会议。“神圣联盟”总算从分裂的边缘被挽救回来。但这样的大事自然也传入了阿里帕夏耳中，这更坚定了他之前的判断——基督教舰队一盘散沙，不足畏惧，至多也仅能袭扰一下阿尔巴尼亚海岸。

10月4日，航行至凯法利尼亚岛的基督教舰队惊闻了法马古斯塔陷落后，数百名威尼斯战俘被残忍杀害的噩耗。大敌当前，又听闻不少亲朋故交殒难，威尼斯人无不摩拳擦掌，复仇心切；得知奥斯曼土耳其人的暴行，西班牙、意大利籍士兵也难掩心头愤懑。联合舰队终于在临战前的最后时刻尽释前嫌，上下齐心。但当初舰队成立的目的是援救塞浦路斯，而岛上最后的据点——法马古斯塔的沦陷令他们失去了目标。唐·胡安在“皇家”号紧急召开会议，依然有部分西班牙舰长嘟哝着撤退，但威尼斯人用雷霆般的嗓音叫喊着复仇，盖过了一切杂音。于是舰队起锚继续进发，不过这一次不是为了援助盟友，而是为了畅饮仇敌的鲜血。

10月6日，“神圣联盟”基督教舰队已来到帕特雷湾，距离勒班陀仅40英里①，他们在这里抛锚，准备引诱土耳其舰队出港决战。

与此同时，土耳其人也在进行最后的作战会议。除了主帅阿里帕夏，列席的还有佩特夫帕夏、穆罕默德·苏鲁克帕夏、乌鲁克·阿里帕夏和卡拉·霍德佳等人。会议的情况与之前“神圣联盟”所经历的十分相似。土耳其将领对进攻还是防御，同样意见分歧。佩特夫与霍德佳强调应闭门不出，等待敌方自行退散；乌鲁克海盗出身，作战惯于精打细算，也倾向保存舰队实力；但阿里帕夏力排众议，主张立即迎战。他认为人手的短缺还在可接受的范畴，基督教舰队至多不过150艘战舰，安拉会带给奥斯曼土耳其海军又一次辉煌胜利。在他出示了伊斯坦布尔的主战命令后，无人敢再提出异议。于是将领们回到自己的座舰，准备动员手下并启程接敌。

虽然唐·胡安在海峡两岸的山丘上都安排了斥候，但最早发现土耳其舰队的依然是战舰桅斗上的水兵。起初，士兵们还试图向主帅报告敌舰的数量，但很快便难以计数了。唐·胡安立刻发出作战的信号，基督教联合舰队有序地驶出帕特雷湾，列阵静候来敌。此时，阿里帕夏距基督教舰队主力尚有15英里之遥，他和部下处于顺风背阴位置，占据了有利阵位。最初，阿里仅能看见部分敌方舰只，认为关于联合舰队不过140艘战舰的传闻所言非虚；而敌舰又开始缓缓向西运动，于是他断定这是基督徒望风而逃的前奏。阿里遂下令舰队转向西南方加速前进，期望能够拦截这些“斗志涣散”的对手。他

① 1英里≈1.6千米。——编者注

的将士们目睹此情此景，也发出了“必胜”的呐喊。但随着距离拉近，阿里渐渐发现基督教舰队的规模远比预期庞大，而敌人的动向似乎不是逃窜，而是要将土耳其舰队引入预先设置的战场。他只能一面咒骂霍德佳情报失误，一面仓促地再次调整部署。

双方舰队最初遭遇态势。绘图中部体积最大的6艘战舰即威尼斯“加莱赛”战舰

终于，经过数次修正航向，两支舰队开始相向行驶，距离越来越近。在大约4英里宽的战线上，集中了当时地中海70%的军舰，总数超过600艘，船员累计达14万人。这样空前的规模，令双方那些心理脆弱的船员都昏厥过去了。

勒班陀海战的巨大“绞肉机”开始徐徐转动，什么力量也不能让它停歇了。唐·胡安的战术计划早在9月便已制订，并经过反复演练。舰队主要被分为左、中、右三部分。中路以唐·胡安及其旗舰“皇家”号为核心，教皇国将领柯隆纳与威尼斯将领维内罗分率舰队作为后盾，共计60艘战舰。右翼则是多利亚的舰队，共计53艘战舰。左翼由威尼斯副帅巴尔巴里哥带队，共计57艘战舰。在他们后方，唐·胡安英明地设置了后备舰队，由老将巴赞统领，共30艘桨帆船，他的使命是随时支援战事吃紧的友军。

考虑到普雷韦扎之战的前车之鉴，唐·胡安特意将不同国籍的战舰有序编排，不过这也并非机械的安排，而是带有一定战术考虑。例如，左翼舰队中大部分是机动性强的威尼斯轻型桨帆船，这是因为左翼靠近海岸，良好的机动性可以保障战时切断土耳其海军右翼与陆地的联系——而中路与右翼则部署了大量西班牙重型战舰。至于吨位最大、火力最猛的6艘威尼斯“加莱赛”战舰，则列阵于舰队最前方，以便给土耳其人当头棒喝。

但逆风的局面仍没有改观，这给基督教舰队的列阵造成了很大困扰。多利亚的右翼距海岸最远，对操舰的考验最为艰巨。他们以惊人的操舰技术跟上舰队的部署，但难免有些船只掉队。在逆风中布阵花去了他们3个小时。

阿里帕夏的布阵其实大同小异，不过由于顺风，要容易许多。土耳其舰队中路同样由阿里亲自坐镇，他的旗舰“苏丹娜”号正对着唐·胡安的“皇家”号；右翼是穆罕默德·苏鲁克帕夏；左翼则是乌鲁克·阿里帕夏，对阵多利亚。其中，多利亚面临的压力最为严峻，因为乌鲁克麾下足有67艘桨帆战舰与27艘快船，而热那亚人仅有53艘战舰。实力对比的悬殊会造成之后的危局。

虽然双方布阵有相似之处，但阿里缺乏足够的预备队，应变能力有所欠缺。基督教舰队的阵线大体是一条直线，目的是为了充分发挥远程火力；而土耳其舰队大体为新月形，目的是为了发挥数量优势与敌近战，尽可能俘获舰只。那个年代海战的套路无外乎远程炮击，中距枪击弩射，近距离撞击和接舷肉搏。基督教舰队在火炮、火枪数量及平均吨位方面，占据了明显优势，而土耳其舰队的配置显得更为传统。由于唐·胡安麾下的舰只吨位较大，彼此需要保留相对充裕的距离，以避免船桨相撞和火力干扰；但倘若距离过大，又容易被敌人乘虚而入甚至遭到分割包围，这便对水手们的驾船技术提出了高要求。阿里帕夏也有类似的困扰。他的新月阵形两翼突出，一旦距离保持不当，阵形很容易散乱而遭到灭顶之灾。所以战斗进行初始，当发现阵形有凌乱迹象，阿里便将它改为与基督教舰队类似的横阵，但他的旗舰依然冲锋在中路最前沿。

很快，土耳其斥候们便发现了基督教舰队的特点：速度相对缓慢，但火力与吨位明显占优，单舰平均火炮数量甚至达到了土耳其方面的2倍；尤其是威尼斯和西班牙的重型战舰，俨然是海上的城堡。阿里帕夏的部署是将主力放于两翼（尤其是左翼），此时也开始忧心忡忡，因为敌方重舰云集于中路，一旦两翼不能将其分割合围，阿里帕夏的中军就有被突破甚至撕裂的危险。

然而，大约在上午10时，一直困扰着基督教舰队的东风突然停歇了，海面顿时安静下来，转而微微刮起了西风。此时，处于下风向的土耳其人迅速降下了风帆，之后的战斗只能依赖桨手了。而得此天时的基督徒们，则普遍将其视为上帝的馈赠。

随着舰队的展开，唐·胡安也走下“皇家”号的艉楼，他精美的盔甲在秋日下闪闪发亮，他手中的十字架似乎也发出圣洁的光辉。当胡安驾船驶过维内罗的旗舰时，之前与他有嫌隙的威尼斯老将也禁不住向这位年轻的主帅行礼致敬。大敌当前，他们总算尽释前嫌。唐·胡安的旗舰游走于联军船只之间，鼓舞他们，动员他们。他号召威尼斯人为壮烈殉国的布拉加蒂诺（法马古斯塔总督，被土耳其人以酷刑处死）报仇雪恨；对西班牙同胞，则提醒他们是在上帝的目光下作战，万万不可苟且偷生，令灵魂堕入地狱中；他还特意拜访了2艘“加莱赛”战舰，称赞战士们是整个舰队的中流砥柱。他向全体信奉基督教的划桨奴隶许诺，只要勇敢作战，胜利后便还他们自由。

米格尔·德·塞万提斯·萨维德拉在勒班陀海战中失去左臂，从而得名“独臂塞万提斯”。战斗结束后，他因表现突出得到唐·胡安亲笔推荐信，但回国途中却被北非巴巴里海盗俘获，当了多年囚徒

在基督教联合舰队的数万名官兵中，有几个特别值得载入史册的名字：“侯爵”号上有一位书生气十足的24岁年轻人，当天正发着高烧，但依然带病坚持战斗，他便是若干年后《唐·吉诃德》一书的作者、大文豪米格尔·德·塞万提斯·萨维德拉。而声名赫赫的佣兵、海盗托马斯（传说他是英国国王亨利八世的私生子）正指挥着3艘西班牙军舰。安布罗乔·布拉加蒂诺与安东尼奥·布拉加蒂诺兄弟是惨死的布拉加蒂诺总督

的亲属，此时正指挥2艘“加莱赛”战舰，一心要为亲人讨回公道。在唐·胡安的旗舰“皇家”号上，还隐藏着一位面容姣好、略带稚气的水兵，此人的真名叫玛利亚，原本是一名弗拉门戈舞舞女。由于她的恋人参加了“神圣联盟”的舰队，她便女扮男装，上演了一幕西班牙版的“木兰从军”。她是我们所知勒班陀海战中唯一的女兵，也是决战时分首批登上敌军旗舰的将士之一。

此时双方的距离仅剩5英里，土耳其舰队也在做最后的准备。这支海军同样来源复杂：既有伊斯坦布尔和加里波利的土耳其皇家舰队，也有阿尔及利亚等地的北非海盗（值得一提的是，其中包括传奇名将巴巴罗萨的两个儿子——哈桑与穆罕默德）。穆斯林内部也分为两派——新近改宗者与传统伊斯兰信徒，他们彼此多少存在些矛盾和分歧。阿里帕夏安排右翼舰队沿希腊海岸航行，并在岸上埋伏了骑兵。他认为，一旦对面的威尼斯战舰战败搁浅，水手必将上岸，届时可一网打尽。基督教舰队在火绳枪与火炮装备方面胜过土耳其人，但后者配备了更多弓箭手（一些箭头甚至淬毒）。熟练的土耳其弓箭手的射速高出西方火枪兵整整3倍，这也是一种优势。但多数土耳其士兵不穿盔甲，船只的防护也逊于对手。土耳其人细心地为撞角涂上了油脂，以减轻撞击时的振动，因为很多水手是赤脚作业的。虽然土耳其人的基督徒桨手只是奴隶，但战前阿里帕夏用西班牙语向他们承诺，一旦获胜即给予自由。同时，阿里两位分别年仅13岁和17岁的儿子也与他并肩战斗。

随着距离的接近，“加莱赛”战舰的轮廓也越发清晰。面对这前所未见的“海上巨兽”，阿里帕夏皱起了眉头。虽然已有俘虏透露了一些威尼斯秘密武器的信息，但情报显然大大低估了对手。土耳其人原以为“加莱赛”战舰不过装备了6门火炮而已，但它的实际火力几乎是预计的10倍。阿里不得不命令舰队调整队形，尽量绕开这6艘“加莱赛”战舰。

相距4英里时，从阿里帕夏红色的旗舰“苏丹娜”号上，已经目视可见唐·胡安的旗舰“皇家”号，它颇有骑士风度地鸣炮致敬，向敌方主帅发起挑战。唐·胡安立即下令鸣炮，表示应战。于是，阿里便命令他的舵手操船径直向“皇家”号冲去。

后来，一名科孚岛的威尼斯官员吉罗拉莫·狄多这样记载双方接战前的壮观场面：

双方舰队竞相扑向对手。我方将士盔甲铮亮，盾牌如镜，刀剑映出脸庞的倒影；而穆斯林也不遑多让，他们金色的灯笼与五颜六色的战旗令我军几乎不能直视。

意大利画家保罗·委罗内塞1572年所作的勒班陀海战油画

基督教舰队阵线前1/3英里处，6艘“加莱赛”战舰中的4艘已各就其位，但本应部署在右侧的2艘由于指定位置过远，还在抵达途中。威尼斯炮手们手持火烛蹲伏在炮位后，目不转睛地注视着不断接近的200多艘土耳其战舰；火枪手们指触扳机，也在喃喃地祈祷好运。当双方相距不到200米时，传来了主帅的命令：将导火索装入火门！数万名士兵屏住呼吸，箭在弦上，已不得不发了。

突然，海面上闪起一簇簇火光，接踵而至的是雷鸣般的轰响。虽然烟雾缭绕，但在这样近的距离，炮手很难错过目标。首轮齐射后，土耳其人即有3艘桨帆战舰中弹沉没。首个取得战果的正是复仇心切的安布罗乔·布拉加蒂诺和安东尼奥·布拉加蒂诺兄弟。在基督教舰队的优势火力下，土耳其舰队陷入一片混乱。阿里帕夏的旗舰也遭到攻击，它标志性的舰尾灯笼被打中，所幸并无大碍。虽然海面此时风力微弱，但以桨划为主要动力的威尼斯“加莱赛”战舰在舰首火炮齐射后，开始缓缓旋转90度，用侧舷的大炮展开第二轮齐射。阿里帕夏一面疾令炮手尽快还击（但收效甚微），一面指挥舰队调整队形以规避炮火。于是，整支土耳其舰队的阵形更加松散，并进一步向两翼延长。每当有舵手被击倒，整艘船只便无序地蹒跚打转，而舰上的土耳其士兵就成为敌人绝佳的活靶。目睹整个舰队开始支离破碎，据说阿里帕夏也惊呼起来："愿安拉保佑，让我们能全身而退！"虽然土耳其战舰也竭力还击，但很多炮弹擦着敌舰风帆，偏离了目标。这是因为他们过于倚重冲撞近战，保留了硕大的撞角，以至于舰首火炮俯角不足；而基督教舰队经过唐·胡安先前的改革，已没有这样的局限，在近战射击中显得如鱼得水。与土耳其人快速但有些轻率的射击方式不同，基督教舰队的舰长们严格遵循了唐·胡安"抵近射击"的指示，他们静候敌军前行，直到最后一刻才下令开火。在一轮震耳的枪炮声过后，有近 1/3 的土耳其战舰受创甚至被击沉。海面上漂满了受伤的水兵、船桨、桁端和各种舰上杂物。令人难以置信的是，如此巨大的破坏，居然大部分是由 6 艘"加莱赛"战舰造成的。

与此同时，在靠近海岸线一带，战斗也进行得如火如荼。穆罕默德·苏鲁克帕夏带领的土耳其右翼舰队，高速规避开 2 艘"加莱赛"战舰后，便利用优势兵力向巴尔巴里哥的舰队扑去。苏鲁克深知本方舰船吨位小、吃水浅，便要求舰队尽量靠近狭窄的海湾航行，这样一来，威尼斯重型战舰便不敢过分接近，其火力优势无从发挥。同时他分兵两路，一路与敌方主力接战，另一路则从侧翼奇袭。对于苏鲁克帕夏的大胆进攻，吉罗拉莫·狄多做了以下记载："苏鲁克极其熟悉这一带海滨浅滩的地形水深，便率领 4 ~ 5 艘桨帆战舰，从岸边直插我军左翼，准备分割包围巴尔巴里哥的战舰。"

一幅描绘勒班陀海战的油画，现收藏于马德里海军博物馆

在威尼斯人察觉之前，这支奇兵已出现在其舰队阵线后方，并开始攻击暴露在侧翼的舰船。假使插入侧后方的土耳其舰船源源不断，威尼斯左翼舰队就可能陷入灭顶之灾。巴尔巴里哥敏锐地察觉到了这一危险，立刻驱动自己的旗舰“兰特纳”号驶向阵形缺口，希望能堵住这一缝隙。树大招风，他的旗舰立刻遭到了狂风暴雨般的围攻。第一轮箭雨便令他的指挥灯笼成了一只“刺猬”，随后便是多艘土耳其战舰试图发起接舷战。双方均以惊人的勇气战斗。土耳其人的弓箭密集而精准，威尼斯人则回以威力巨大的排枪。多达 5 艘土耳其战舰围住巴尔巴里哥的“兰特纳”号，船员们竭尽全力，打退了敌人一波又一波进攻，多名土耳其官兵阵亡在“兰特纳”号甲板上。巴尔巴里哥的侄子吉奥瓦尼·孔塔里尼在预备舰队中，目睹叔叔情势危急，便驾驶自己的战舰“圣玛格达莱娜”号赶来支援，却在混战中不幸阵亡。不过幸运的是，由于帕特雷湾浅滩地形狭窄，土耳其舰队的优势兵力无法短时间内完整通过，因此基督教舰队侧翼虽遭包抄，尚能苦苦支撑；而 2 艘“加莱赛”战舰在杀红了眼的布拉加蒂诺兄弟指挥下，如狮入羊群，牵制了土耳其人大量兵力。

意大利画家、历史学家乔尔乔·瓦萨里（1511—1574 年）笔下的勒班陀海战

战线就这样胶着着。“兰特纳”号已经陷入重围超过 1 个小时。接近中午时分，硝烟弥漫，炮声隆隆。由于身披重甲，在桅杆附近指挥的巴尔巴里哥感到难以将号令传达下去，便轻率地掀开了头盔。这时，突然一支冷箭射来，正中他的右眼。巴尔巴里哥当即倒在甲板上，伤势是致命的。舰长费德里科·纳尼急忙将主帅抱入船舱，威尼斯士兵一度有些动摇。但纳尼很快回到甲板，接替巴尔巴里哥进行指挥。

丹麦画家洛克（1526—1583 年）所绘勒班陀海战中土耳其桨帆战舰的作战场面

看上去，苏鲁克帕夏的计谋就要得手了，然而，土耳其人大大低估了威尼斯人的战斗意志。“神圣联盟”左翼舰队船员大部分来自克里特岛、达尔马提亚沿海以及爱琴海岛屿，换言之，他们的家乡刚在夏天被阿里帕夏的舰队蹂躏过。这是一场复仇之战，威尼斯人前仆后继，死战不退也就可以理解了。但土耳其人缺乏这样的斗志，战斗便陷入僵持。

由于苏鲁克帕夏将战斗的重点定位在北部侧翼，南部的战事比较零星。时任威尼斯舰队军需官的马可·奎里尼原本部署在南侧，发觉战场的态势后，他当机立断，率部北上增援，向土耳其右翼舰队的侧后方包抄过去。于是，最初想要包围基督教舰队的苏鲁克发现自己渐渐陷入了反包围。阿里帕夏战前做的那番动员也失去了效用，因为在战事最紧张的时刻，大批基督教划桨奴隶乘乱打开了枷锁并夺过武器，开始向他们的主人射击。土耳其人猝不及防，恐慌情绪如瘟疫般开始蔓延。一艘缓慢的“加莱赛”战舰也及时加入战团，用猛烈火力向业已动摇的敌军轰击。一些土耳其战舰为了逃生，开始驶向海滩，因为知道有一队骑兵部署在岸上，他们纷纷将战舰坐滩并上岸逃命。逃亡行为像滚雪球一般不断扩散，虽然还有个别土耳其人在负隅顽抗，但渐渐被数量占优的基督徒压倒。苏鲁克帕夏并不愿苟且偷生，他战斗到了最后时刻。然而，划桨奴隶已经暴乱，忙于弹压之际，他的旗舰又遭到威尼斯人撞击，船舵完全损坏，只能无助地随波逐流，最终搁浅在帕特雷湾海岸上。苏鲁克身中数弹，奄奄一息，虽然被属下奋力救上岸，但很快就被威尼斯人俘虏。考虑到自己已经伤重不治，加之恐惧遭到报复，他向威尼斯指挥官祈求速死，后者颇有骑士风度地满足了这一要求。海滨附近满是舰艇残骸与尸体，“神圣联盟”左翼舰队反败为胜，堪称奇迹。不过，这也是巴尔巴里哥毕生最后一场战斗。第二天，他便因眼伤去世，临终前还在喃喃自语：“感谢基督赐予的胜利。”

至此，残存的土耳其右翼舰队如丧家之犬，士兵们甚至用战友的尸体搭成“浮桥”以期登陆逃命。面对毫无斗志的穆斯林，威尼斯人已经被复仇的渴望吞噬了理智，他们不愿意接收俘虏，而是想要血债血偿。当土耳其士兵放下武器祈求宽恕时，基督徒高喊着：“法马古斯塔！法马古斯塔！”随即手起刀落。甚至有士兵因为没有顺手的武器，用木棒将土耳其人活活打死在海滩上。连吉罗拉莫·狄多也嗟叹着写道：“这是一场赤裸裸的大屠杀。”

勒班陀海战中，1 艘土耳其战舰正在沉没

临近中午时分，两支舰队的中军也开始了正面交锋。“神圣联盟”中央舰队统一放缓了航速，以便保持队形严整——他们也的确做到了这一点。但土耳其人就没有这么走运了。由于忌惮中央两艘巨大的“加莱赛”战舰的火力，阿里帕夏安排舰队的横列漏出两处空隙，以便避开它们的火力范围。虽然阿里已经命令舰队降低速度，但这样的调整还是不可避免地引发了一些混乱，于是土耳其人的编队就显得较为参差和疏松。

“擒贼先擒王”，这是双方指挥官都深谙的道理。最激烈的战斗自然围绕两军旗舰展开。在奥斯曼土耳其一方，阿里帕夏身着华丽的长袍，手持弓箭，坐镇“苏丹娜”号；佩特夫帕夏位于他的右侧，内格罗庞特总督穆罕默德·贝伊及阿里的两个儿子掩护他的左翼。在阿里帕夏周围，还簇拥着巴巴罗萨之子哈桑帕夏等一批精兵强将。“神圣联盟”方面：唐·胡安作为西班牙帝国唯一的王位继承人，腓力二世如果得知他当天的表现，恐怕会感到提心吊胆（腓力二世的长子唐·卡洛斯于1568年去世，太子、未来的腓力三世要在1578年才出生）——唐·胡安手持长剑，身披铠甲，伫立在“皇家”号艉楼，教皇赐予的战旗在他头顶上方迎风招展。虽然有侍从劝告他进入船舱远离危险，但唐·胡安执意与士兵们患难与共。他的左右则是教皇国的主帅柯隆纳、罗姆加斯以及威尼斯海军主将塞巴斯蒂安·维内罗的座舰。双方都下了必死的决心，要和敌人的主帅一决雌雄。

随着双方主力的不断靠近，阿里帕夏的“苏丹娜”号率先发难，从舰首射出三发炮弹，两发落空，第三发击中了“皇家”号甲板，撂倒了一位划桨手。但“皇家”号并没有仓促回击，而是等到“苏丹娜”号继续靠近，才利用俯角优势打出一轮齐射，给“苏丹娜”号造成了极大破坏。阿里帕夏发现本方在对射中落于下风，便果断下令撞击并接舷。最初，他似乎误将威尼斯人的旗舰当成“皇家”号，但在最后一刻转舵纠正了错误，与“皇家”号迎面相撞。虽然“皇家”号在最初的炮击中出尽风头，但由于拆除了撞角，被迎头一击后显得有些踉跄、狼狈。“苏丹娜”号宛如一只受伤的鲨鱼，死死咬住猎物，撞角深深嵌入“皇家”号船身，横扫撞击处的水兵。两只受伤的旗舰纠缠在一起，阿里帕夏感觉战况已经进入自己擅长的近战，不禁长吁了一口气。他站在艉楼上拉弓射箭，箭无虚发（阿里帕夏恐怕是大规模海战中最

勒班陀海战画作，画面左上方全身甲胄者为唐·胡安

后一位以弓箭为主要武器的统帅），身后精锐的土耳其新军也摩拳擦掌，并通过艏楼甲板蜂拥登上了“皇家”号。由于浓烟滚滚，火枪手很难瞄准目标，“皇家”号的将士不得不与土耳其人展开白刃战。

在“皇家”号附近，柯隆纳的“神圣船长”号极力杀出血路，试图援救主帅，它立即遭到了佩特夫帕夏座舰凶狠的撞击。尽管船身受损，柯隆纳还是以惊人的毅力操纵军舰转向，迎头撞上了“苏丹娜”号侧舷。塞巴斯蒂安·维内罗原本想利用双方主帅对垒的机会抢占有利位置，对阿里发动背后袭击，但他的座舰很快便被土耳其舰只包围，也不得不陷入近战。在一片南北约 250 米，东西约 200 米的水域中，以双方旗舰为核心，一时竟聚集了 30 多艘战舰展开混战！战斗进入了决定胜负的关键时刻。

据幸存者事后回忆，此时最令人刻骨铭心的是战场上那难以名状的巨大声响。轰鸣的炮声，船桨的断裂声，战舰的撞击声，海员的落水声，火枪的射击声，伤兵的垂死呼号以及白刃战中杀气腾腾的呐喊——这一切构成了一首地狱奏鸣曲。双方都毫无怜悯，用最腥风血雨的方式与敌人作战。近战中的武器造成的伤害尤其可怕，土耳其弯刀、战锤、铁斧甚至匕首，划过一道道惨白的弧线，海水也旋即变为红色。

“皇家”号成了瞩目的焦点。阿里帕夏麾下计有200名火枪手，100名弓兵，而“皇家”号上搭乘了400名撒丁尼亚火枪兵。双方共有近800名士兵在狭窄的甲板上厮杀，阵线是如此密集，士兵们几乎无立锥之地。阿里的手下一度攻占了“皇家”号船头，但无法再推进一步。唐·胡安立即组织部下反攻，不仅将敌人逐回，更乘势登上了“苏丹娜”号船头。据说，第一个上舰的竟然是为了爱情女扮男装的前舞女玛利亚，她刺死了至少一名敌兵。战斗演变成血腥的拉锯战。基督徒水兵一度挺进到了“苏丹娜”号主桅杆附近，但也成了强弩之末。因为土耳其旗舰的胡桃木甲板上已经满是鲜血和油脂，双方都立足不稳，难以为继。与此同时，两军的助阵舰艇也竭力向旗舰补充兵员。在如此近的距离，弓箭、火枪的威力更加致命。“皇家”号上的贵族唐·贝尔纳迪诺身穿精良铠甲，冲锋在最前线，却被一发火枪弹丸击中胸甲。虽然胸甲并没有完全穿透，但他还是死于巨大的冲击力。穆斯林的绿色帅旗被枪弹打得千疮百孔，然而基督徒们也被击退了。

唐·胡安与阿里帕夏都意识到，这场对决会是持久战。他们不约而同地在主桅杆附近构筑了临时工事，以便抵御下一波攻击。双方的人员损失大体相当，不过均从后方得到了不少补充。“苏丹娜”号射向“皇家”号甲板的弓箭如此之多，以至于后者一眼看去竟像只长毛的奶酪。在新一轮厮杀的间隙，有人看见唐·胡安的宠物猴爬在桅杆上，拔下一支支箭，以撕咬箭杆为乐。这是战斗中难得的温馨时刻。

不过，虽然旗舰的厮杀看似势均力敌，但胜负的天平已渐渐向“神圣联盟”倾斜。最重要的原因在于，阿里帕夏片面追求拉长战线合围对手，却忽视了预备队的设置。而“神圣联盟”方面，老将巴赞麾下的30艘战舰作为机动兵力，却可以在最关键之时加入战局，这将立即改变战场的形势。

塞巴斯蒂安·维内罗原本试图增援唐·胡安，此时却面临自身难保的窘况。千钧一发之际，2艘威尼斯战舰及时赶到，拯救了老将军的性命，但2位舰长都在战斗中壮烈殉国。巴赞预备队中的“信仰”号与“希望”号，如同其名字一样，如旋风般出现在战场中心，成功阻断了阿里旗舰与后方土耳其主力的联系。土耳其援军再也不能顺畅地登上“苏丹娜”号了。阿里帕夏不得不就地转入防御。而教皇国舰队司令柯隆纳以往一直遭到威尼斯人轻视，此刻也证明了自己的骁勇。他率部成功击退了穆罕默德·贝伊的攻击，阿里帕夏的两位儿子只能眼睁睁地看着父亲渐渐陷入重围。中路战场的另一侧，海盗出身的卡拉·霍德佳试图袭击“格里芬”号。他身先士卒，不料却被一发枪弹命中，当场阵亡，其部下的士气顿时崩溃，最后幸存的船员仅有6人。在接舷战中，训练有素的西班牙长矛手显示出强大的战斗力，他们组成长矛阵在甲板上徐徐推进，碾压一切，敌人或命丧矛头，或跳海逃生。由于距离过近，划桨手已经失去了作用。和土耳其舰队甲板下听天由命的划桨奴隶不同，“神圣联盟”在人力短缺之时释放了战舰上的基督教划桨奴隶，这些自由人虽未经训练，却也士气高昂地跳上敌船作战，口中高呼：“不自由，毋宁死!”

“苏丹娜”号与“皇家”号短兵相接已超过1个小时，基督徒发起了第二波攻势，但被土耳其人密集的火力所阻止。唐·胡安手持重剑加入战场，不料混乱中大腿被匕首扎伤。他回头望见旁边的威尼斯旗舰上，年近八旬的维内罗须发皆白，却依然威风凛凛地用弓弩射击。唐·胡安受此鼓舞，便又投入战斗。

随着巴赞的预备队逐步到位，土耳其人承受了越来越大的压力。甚至最为笨重、缓慢的“加莱赛”战舰也开始向唐·胡安靠拢，并用强大火力击退了一切妄图接舷的对手。佩特夫帕夏虽然竭尽全力，但此时座舰尾舵被击毁而丧失了动力，他本人也已挂彩。加之素来与阿里帕夏意见不合，佩特夫帕夏便扔下主帅，独自上了一条小艇撤离战场。其麾下战舰的基督徒奴隶们纷纷投诚。阿里已经陷入了绝境，他的儿子们孤注一掷，准备援救父亲，但依然未能如愿。柯隆纳与罗姆加斯刚夺取了一艘土耳其战舰，回头发现唐·胡安处于险境。柯隆纳问道：“是攻击下一艘敌舰还是回援‘皇家’号?”罗姆加斯不发一语，直接握住舵轮，操舰向“皇家”号驶去。维内罗在获得喘息之后，也驾舰紧贴“苏丹娜”号，用密集的火力将它的甲板“耕耘”了一遍，整个上层建筑都被轰击得支离破碎。唐·胡安顺势组织了第三轮总攻。最后的决战在“苏丹娜”号主桅杆附近展开。当手下士兵为了躲避弹雨纷纷跳海时，阿里帕夏还在用弓箭顽强战斗。在他一生的最后时刻发生了什么，不同记载众说纷纭。最可信的一种版本是：由于他华丽夺目的服饰，因而遭到重点“照顾”，最后被枪弹击倒；一名西班牙士兵砍下其首级，并扎在矛尖上示众。于是，战场响起了“胜利”的欢呼，而“苏丹娜”号上的绿色帅旗落下，代之以“神圣联盟”的旗帜。土耳其人的抵抗崩溃了。据说，当将士把阿里帕夏的首级送到唐·胡安面前时，这位贵族为自己对手遭到这样的侮辱感到不悦，便下令将阿里帕夏的尸体葬入海中。

“神圣联盟”中军开始扫荡整个战场。阿里帕夏的儿子们在穆罕默德·贝伊的旗舰上被俘，余下的残部或投降或逃窜。据说清理战场时，“皇家”号和“苏丹娜”号被称作“屠宰场”，可见当时战况之激烈。出于对法马古斯塔惨

威尼斯将领雅各布·索兰佐所穿甲胄

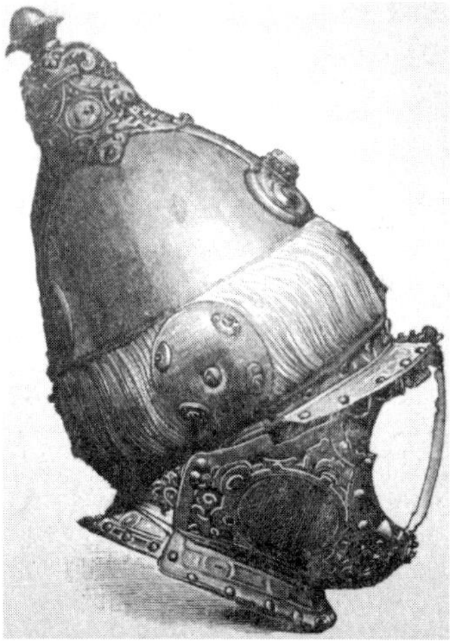

土耳其军队所用头盔

勒班陀海战时期的土耳其新军

土耳其弓弩手

“神圣联盟”火枪手

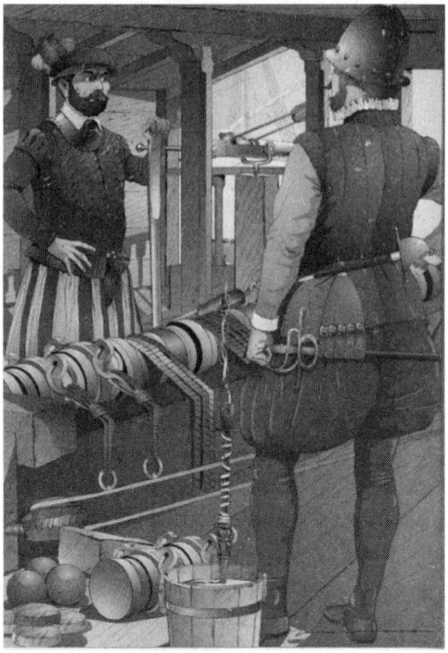

“神圣联盟”炮兵

案复仇的渴望，基督教士兵对大多数土耳其残兵及俘虏毫不怜悯，大部分漂浮在海面的敌方落水者均被处死。接着，他们又大肆搜刮战利品。虽然这是一场大胜，但胜利后士兵们的表现还是显得有违骑士精神。

但是对整个土耳其舰队而言，战斗还没有完全结束。在双方整个阵形的南部，多利亚与乌鲁克·阿里帕夏还在玩一场猫鼠游戏。由于他们均处于本方阵形最外侧，航程最远，直到中路发生激战后近 1 个小时，他们这边还没有发生正式接触。多利亚素来以谨慎多谋著称，目睹他率部渐渐向东南方驶去，联想到其消极避战的历史表现，坐镇中路的唐·胡安也不免忧心忡忡，甚至怀疑多利亚打算擅自逃离战场。于是，唐·胡安派遣一艘快船前往多利亚的舰队，准备严令他参战。

实际上，虽然怀揣腓力二世要求保存海军实力的密令，不过一旦加入战团，多利亚也展现出久经沙场的老兵本色。他并非畏敌如虎，而是观察到土耳其左翼舰队的数量优势（约 90 艘战舰），担心侧翼遭到合围令整个舰队处于险境。于是，多利亚只能向东南展开队形，以保护本队侧后方。

乌鲁克也是老谋深算的将领，他明白若要发挥自己舰队的数量优势，就应该尽量延长战线，伺机插入敌军后方，以期与本方中军共同夹击对手。由于多利亚应对得当，土耳其人对基督教右路舰队侧翼的突袭难以得手，不过，多利亚的机动导致分舰队与中路舰队间出现了一个宽达近 1000 米的缺口。乌鲁克敏锐地发现了这一机会。

雪上加霜的是，热那亚人多利亚的分舰队中，混合了相当一部分威尼斯、教皇国的军队。他们原本就对这位主帅疑虑重重，此时更是断定此人懦弱不忠，想必要私自撤退。于是，有多达 16 艘战舰未经多利亚允许，便悍然脱离了队列——他们准备独自去抵挡乌鲁克。这样一来，多利亚的阵线就变得支离破碎了，而他手上可直接掌控的兵力，仅有不到 40 艘战舰。

乌鲁克当然不会放过这样的天赐良机。他指挥舰队主力脱离与多利亚的对峙，向北加速前进以拦截那支孤军。在那 16 艘基督教战舰组成的编队中，有 3 艘马耳他骑士团舰只，他们飘扬的红十字旗招来了乌鲁克手下的愤恨（马耳他骑士团是北非海盗的死敌，而乌鲁克麾下大部分是海盗出身）。不待主帅动员，土耳其人便如狼似虎地向敌军扑去。双方接近 5∶1 的力量对比，令基督教分舰队几乎顷刻覆没。每艘马耳他战舰都遭到了至少 7 艘桨帆舰船的围攻，骑士们虽然英勇奋战，但很快便寡不敌众。“佛罗伦萨”号被 1 艘桨帆战舰和 6 艘快船死死咬住，最终沉没，舰上人员无一幸存；“圣吉奥瓦尼”号也招致同样的命运；热那亚战舰“皇家大卫”号与 5 艘威尼斯战舰一同殉难；唯一一艘萨伏伊战舰事后被发现漂流在海上，无人生还。编队指挥官朱斯提亚尼是他舰上的唯一幸存者，被抢救下来时已经身中 5 箭……在如此不利的情形下，基督教战士中涌现出不少可歌可泣的英雄事迹：“圣吉奥瓦尼”号上有一名西班牙军士马丁·穆诺茨（Martin Munoz），原本因高烧被安排在船舱休养。战斗打响后，他从病榻上一跃而起，手持长剑冲向敌群。虽然身中数箭并失去了一条腿，他在临死前依然手刃了 5 名土耳其人。“北梭鱼”号的士兵费德里科·韦努斯塔左臂受重伤，血流不止。他找到舰上一名划桨奴隶要求替自己截肢，被惊恐万状的后者拒绝，于是他举刀自行做了“手术”，简单包扎后又立刻投入战斗。而“基督复活”号舰长在战舰失守的一刹那，毅然引爆了弹药库，与周遭数艘土耳其战舰同归于尽。

尽管抵抗比预期激烈，乌鲁克还是在基督教舰队的阵列上撕开了一道口子，一路披荆斩棘，虏获颇丰。他拿下了一艘马耳他战舰，将其拖曳在座舰后面，准备作为给苏丹的胜利献礼，其部下也纷纷效仿。看上去，乌鲁克就要凯旋了。然而，此时他对中路舰队阿里帕夏的遭遇一无所知。

随着唐·胡安的获胜，乌鲁克的机会在不知不觉中溜走了。一艘基督教舰队右翼的“加莱赛”战舰终于进入了有效射程，开始用密集的弹雨为殒命的战友复仇。多利亚率领自己的舰队也从土耳其人后方赶来，包抄乌鲁克的后路。唐·胡安、维内罗、柯隆纳等人已经扫荡了阿里帕夏的主力，此时重整旗鼓，由北向南列队朝乌鲁克逼近，战局顿时逆转。如果那16艘“神圣联盟”方面的战舰未做如此激烈的抵抗，如果多利亚真的如传言般逃离了战场，乌鲁克或许能及时北上增援阿里帕夏的中军，或许后者便不会落个枭首示众的命运。但此刻为时已晚，由于主力正与多利亚纠缠混战，乌鲁克手中仅剩30艘战舰的机动兵力，而这股力量显然无法与北面杀气腾腾的唐·胡安抗衡。乌鲁克是一个精明的海盗，他不会做无谓的牺牲，既然大局已定，他的首要任务便是尽可能多地带领部下全身而退。幸运的是，海面上忽然刮起了东风。乌鲁克麾下原本以桨帆快船居多，速度上占优。他聚拢了身边的残兵，割断了牵引战利品的缆绳，带领14艘船只朝着西北方绝尘而去。这也是土耳其海军在勒班陀一役中唯一成建制保存下来的力量。

胜负已分，“神圣联盟”的战舰纷纷抛锚，开始大肆搜刮土耳其的战利品。此时的海面一片狼藉，在绵延8英里的战线上，到处是燃烧、倾覆的船只，更有一些四处游荡的“幽灵船”（其船员已全部阵亡），让人不寒而栗。不过，直到最后时刻，依然有英勇抵抗的穆斯林：一些土耳其战舰弹药耗尽，但上面的水兵拒绝投降，竟然从仓库中取出柠檬与橘子作为“武器”投向登船的基督徒。但这已是无谓的抵抗了。虽然血红的海面有如地狱，但基督教将士们却兴高采烈——战利品实在是太过丰厚，因为土耳其人尤其是土耳其贵族们，总习惯随船携带大量金银细软（仅在阿里帕夏的旗舰上，就搜到了15万枚金币）。

在不到4个小时的战斗中，双方累计超过40 000人阵亡，近100艘战舰被毁，137艘穆斯林船只被俘获。其中，土耳其人超过25 000人殒命，而俘虏仅有3500人（“神圣联盟”处决了相当一部分俘虏）；同时，还有超过

12 000 名基督教奴隶得到解放。如此惊人的单位时间伤亡纪录，直到 1915 年方被第一次世界大战中的卢斯战役打破。

唐·胡安原本有意乘胜追击，以彻底歼灭逃脱的乌鲁克残部。但部下提醒他，将士们正在扫荡战场的财富，何况海面上到处是残骸和尸体，一些船只伤痕累累，已是寸步难行了。于是，胡安大度地允许舰队搜寻战利品直至黄昏，随后拖曳载着俘虏的敌船，缓缓驶向佩特拉港休整。与此同时，全身而退的乌鲁克也回到了勒班陀，他尽力收容了零散突围的土耳其战舰，经过清点，整个帝国舰队只剩下 35 艘舰只。

这天夜里，“神圣联盟”的舰队举行了盛大的庆功会。唐·胡安以下高级军官带头唱起了宗教颂歌，感谢基督赐予的胜利。大胜之余，先前有所龃龉的胡安与维内罗也把酒言欢，尽释前嫌。意大利人、西班牙人和马耳他人欢聚一堂，互相讲述着各自的英勇表现。虽然塞浦路斯依然没有收复，但土耳其海军的主力显然被摧毁了，夺回该岛似乎是探囊取物。不过，佩特拉港并不适宜如此庞大的舰队补给。10 月 9 日，胡安下令舰队北上返航。10 月 23 日，舰队终于抵达科孚岛。由于已近寒冬，双方都不可能再发起大规模攻势，“神圣联盟”舰队各指挥官便商议暂且就地解散，各自返航休整，以待来年再战。威尼斯舰队返回共和国首都，其余舰队则驶向西西里的墨西拿港，这也是联合舰队启程的地方。

10 月 17 日，一艘名为“天使”号的快速帆船驶入威尼斯，向执政官阿尔维斯·莫塞尼戈通报了勒班陀大捷的喜讯。消息迅速传遍了整个欧洲。人们欣喜若狂，奔走相告，各处的教堂都响起了庆祝的钟声。自第一次“十字军东征”以来，还从来没有引发过这样的宗教狂热，教皇决定把勒班陀海战胜利日作为永久的节日以资纪念，这一规定延续至今。无数诗人、画家和学者，用各种方式，对这场胜利大加赞美，仿佛自 1453 年君士坦丁堡被

威尼斯执政官阿尔维斯·莫塞尼戈，1570—1577 年在任

“征服者”穆罕默德二世苏丹攻占以来，基督教国家的颓势已被一扫而光。

然而，勒班陀海战虽然在战术上是一场惊人的大胜，但就战略态势而言，却并没有立即改变地中海的实力对比。唐·胡安原计划在第二年春季重新发动攻势，可惜造化弄人。1572 年 5 月 1 日，“神圣联盟”的发起者，教皇庇护五世因病逝世，整个联盟顿时失去了主心骨与号召人。尽管如此，“神圣联盟”还是在 6 月于墨西拿集合，准备与科孚岛的威尼斯分舰队一道向塞浦路斯甚至达达尼尔海峡进攻。然而，在半年多的时间里，奥斯曼土耳其帝国依靠其惊人的财力与物力，又打造了一支多达 150 艘战舰的海军舰队。当威尼斯使节前往伊斯坦布尔一探虚实时，大维齐苏库鲁豪气干云地说道：“基督徒只是烧焦了我的胡须，但我却砍断了基督徒的臂膀。”但平心而论，这只能算一支外强中干的舰队，因为大部分有经验的水手和海军军官都在勒班陀阵亡或被俘了。乌鲁克·阿里帕夏虽然抢救下来一部分水兵，可他们不足以娴熟操纵这样大规模的新舰队。如果“神圣联盟”能立即发动大规模进攻，想必还会取得一场大胜，甚至可以封锁伊斯坦布尔，但事实却并不理想。

这一次，又是法国人从中作梗。法兰西昔日原本是“十字军”的中坚力量，但自从弗朗索瓦一世以来，便日益奉行实用主义的外交政策，深谙“我的敌人的敌人就是朋友”的真理。西班牙的强大直接威胁到法兰西的霸权，此时的法王查理九世一方面暗中资助尼德兰的新教教徒革命，另一方面派遣阿克斯主教作为特使前往伊斯坦布尔，竭力拉拢土耳其人，并撮合威尼斯与奥斯曼土耳其帝国停战，以便牵制西班牙势力。同时，查理九世还调动舰队，摆出一副进攻阿尔及尔的姿态。腓力二世不得不调动唐·胡安驻守墨西拿，防御法国对北非可能的进攻；又将一半舰队交由柯隆纳指挥，同威尼斯人合兵一处，寻求与奥斯曼土耳其海军决战。但此刻统领土耳其海军的正是老奸巨猾的乌鲁克，作为勒班陀战役幸存的老兵，他深知自己的“菜鸟舰队”无法与“神圣联盟”抗衡，便闭门不出，依托工事死守，基督教舰队一时也无可奈何。当“神圣联盟”准备 1573 年的战役时，联盟本身却彻底分崩离析了。是年 3 月 7 日，在法国人的斡旋之下，威尼斯单方面与土耳其签署了和平协议，事先未与盟国协商。条约规定，威尼斯正式放弃塞浦路斯，而土耳其给予威尼斯贸易特权，并提供对威尼斯其他殖民地（如克里特）的安全承诺作为补偿。西班牙直到一个月后才得知消息，怒火中烧的唐·胡安觉得被出卖了，当即降下了“神圣联盟”军旗，升上西班牙国旗。庇护五世的心血，就这么毁于一旦。

唐·胡安依然坚持与土耳其人战斗。1573 年，他率领西班牙舰队攻下了突尼斯，扩张了西班牙的霸权。可惜好景不长，一年后，恢复元气的土耳其舰队在乌鲁克指挥下，通过一次奇袭又收复了突尼斯。西班牙在勒班陀一役后获得的全部成果，几乎丢失殆尽。威尼斯人也将为自己的短视付出代价。威尼斯共和国在东地中海的若干殖民地，令奥斯曼土耳其帝国如鲠在喉，与土耳其谋求永久的和平，无异与虎谋皮。经过20 余年围攻，克里特岛终在1669 年被奥斯曼土耳其吞并，威尼斯共和国逐步丧失了东地中海的各个领地，从此日益衰落。

从这层意义而言，勒班陀战役是一场没有战果的胜利，当初的目标，最终似乎无一实现。不过，放眼历史长河，它还是留下了浓墨重彩的印记。从军事技术来看，勒班陀海战是人类历史上最后一场桨帆战舰的大规模战斗。交战双方体现了对未来海战趋势的不同理解。唐·胡安认为火炮是最重要的武器，而阿里帕夏却依然迷信传统的撞角。战役的结果证明，大炮比撞角更有威力，之后的战舰便日益强调远程炮火的作用，战术也由此展开，而延续数千年的撞击海战逐步退出了历史舞台。其次，人们也慢慢发觉纯风帆战舰在远洋航行、操纵性及人力需求方面，较之传统桨帆战舰拥有明显优势。此后的强国海军中，风帆战舰开始成为主角。1588 年出征英国的西班牙“无敌舰队”，即以盖伦帆船为绝对主力。以上变革，不能不说是源自勒班陀的经验与教训。

勒班陀海战更深远的影响，要在多年后方得以显现。它打断了奥斯曼土耳其帝国的发展进程，从 1453 年君士坦丁堡陷落甚至 1396 年尼科波利斯会战以来，欧洲一直笼罩在对土耳其的恐惧当中。尤其是巴巴罗萨树立的海上威名，更将土耳其的军事扩张推向了顶峰，地中海似乎随时都会成为伊斯兰世界的“内湖”，而西班牙也将再次由摩尔人统治。但勒班陀的压倒性胜利，瓦解了土耳其的海上优势，巴巴罗萨留下来的大量精兵强将一同赴难，这些人员的损失是不论新造多少战舰都难以弥补的。勒班陀的失利，成为土耳其人挥之不去的阴影，原有的心理优势一旦失去，土耳其的海军便日渐趋于保守。在西面有虎视眈眈的威尼斯和西班牙，而在东面，横亘着奥斯曼帝国的宿敌波斯。随着苏库鲁开凿苏伊士运河的失败，无论向东还是向西，奥斯曼土耳其的海陆都被强敌封锁。其海军沦为困在东地中海的笼中巨兽，虽然依然凶猛，但已经只是防御性力量，再也不是巴巴罗萨时期那支意气风发、锐意进取的劲旅了。帝国的扩张失去了海洋视野，只能依赖陆路。而奥斯曼土耳其的敌人，如西班牙、法兰西以及后期的尼德兰、英格兰，从此不用担心后方海域“失火”，可以安心地乘着地理大发现的东风，去新大陆，去四大洋开拓自己的新天地。东、西方实力此消彼长的分水岭，可以说在勒班陀奏响了第一个音符。唐·胡安在海洋上扼住了奥斯曼土耳其扩张的路线；一个世纪后，萨伏伊的欧根亲王，将在维也纳，在森塔，从陆地彻底终结土耳其人叱咤欧洲的历史。

唐·胡安的墓像

大明抗日援朝：露梁海战

明万历二十六年、日本庆长三年（1598 年）四月某天，大阪城阳光明媚，景色宜人，又是一年春光好的时节。可此时身为日本实际最高统治者的丰臣秀吉，却躺在病床之上，一脸灰暗，死气沉沉。这位太阁大人似乎一下子便被病魔击倒，在他的眼中，再也看不到往昔那熊熊燃烧的光芒，有的仅是一个垂死老人对这个世界的不舍而已。

大阪城天守阁

身体的感觉告诉丰臣秀吉，他恐怕要不久于人世了。对一个从农奴奋斗成为日本最高统治者（仅次于天皇）的人来说，他的人生也算是没有什么遗憾了。可丰臣秀吉却对自己的身后事惴惴不安，他有一个年仅 6 岁的儿子，如果自己走了，这个幼子如何才能保住丰臣家偌大的家业呢？

对丰臣秀吉来说，此时的日本已经是一个火药桶，最具威胁的德川家康领有关东八国，成为“关东之雄”。他在领地内实行检地，极力加强对人户的控制。表面上，德川家康不敢与秀吉相抗，但他无时无刻不在扩张自己的力量。丰臣秀吉对此无能为力，只能竭力拉拢，盼望他感恩，今后不要与自己儿子为难。

到了四月，丰臣秀吉知道朝鲜战事实际上已经很难维持了，因此将一半以上的侵朝日军召回并极力笼络。到了七月，丰臣秀吉病情越来越严重，于是设大老、奉行之制。五奉行即浅野长政、石田三成、增田长盛、长束正家、前田玄以五人；授德川家康和前田利家、毛利辉元、宇喜多秀家、上杉景胜为五大老，其中以德川家康为“笔头”（即五大老之首），总揽国政，发号施令。另以中村一氏、生驹亲正、堀尾吉晴为三中老。小事决于奉行，大事决于大老；大老、奉行或有不协，则由中老居中和解。他企图通过这些相互牵制的职位设置，使儿子丰臣秀赖得以稳坐江山。

同时，丰臣秀吉又命前田利家辅佐秀赖，以片桐且元、小出秀正为秀赖傅，木村重成、薄田兼相渡部尚为副手。此外还分亲兵为七队，以速水守久、伊东长次、青木一重、真野宗信、中岛氏种、野野村吉安、堀田高正为队长，以保证秀赖的安全。此时，丰臣秀吉终于表现出对侵朝后悔之意，他对片桐且元、小出秀正道：“我从农奴当到关白，实在是运气。但是发兵与明朝大战，导致战火连绵，如今追悔莫及。如果我死了，明朝有可能大举前来侵犯。我日本自古从来未被外国占领，如果因为我而导致日本被摧残，那将是我一辈子的耻辱……因此我才将国家托付给德川家康，我相信家康必不负我，但是你们也要谨慎保护好秀赖，不要让他们之间起什么冲突。”

丰臣秀吉的用心可谓良苦，该考虑到的他都已经考虑了。七月十五日，他召集诸侯到他病榻前托孤宣誓，决定由五奉行任秀赖的“付家老”，五大老共同负责国家大事的治理，太阁的领地和其他筹划事宜则由德川家康、前田利家总揽。誓书主要内容为：

第一，大家团结起来，共同辅佐丰臣秀赖；

第二，不允许结党营私，要一切以丰臣家为重；

第三，不允许不经汇报就联姻，也不允许不经汇报便互相交换人质；

第四，不在未得到许可前，擅回自己的领地。

八月五日，丰臣秀吉还不放心，再次召集五大老和五奉行交换誓书。随后，他又决定让秀赖娶德川家康之子德川秀忠的女儿，并一再嘱咐家康善待孙婿。而另一方面，他又暗中叮嘱前田利家说："秀赖就拜托你了。"

丰臣秀吉临死前绞尽脑汁地要让自己家族的子孙万代延续下去，可是主少国疑，又有实力极为强大的二号人物虎视眈眈，仅凭一些所谓的权力制衡和不值钱的誓书又有什么意义？可笑丰臣秀吉机关算尽，却忘了他当年对付主子织田信长的后代所用的手段了。

丰臣秀吉画像

最终在八月十八日，忧病交加的丰臣秀吉感到自己快不行了，急召德川家康、前田利家等重臣来到京都伏见城。他非常后悔在朝鲜挑起战争，又担心明朝在他死后真的入侵日本，于是嘱咐道："我死后秘不发丧，令浅野长政、石田三成速赴朝鲜，将诸将尽数召回。如若有人不肯听从，那就再派德川家康去传令。如果德川家康分不开身，那就让前田利家去，不要让十万兵士，成为海外枯骨！"

就这样，当着丰臣秀吉的面，诸臣再次上演了一出刺血盟誓的戏码。丰臣秀吉心中也知道这种表面功夫做得再多也没有任何意义，但是他已无能为力，只能一边看着臣下们表演，一边悲歌道："如露之临，如露之逝。吾身往事，宛若梦中之梦……"丰臣秀吉目光渐暗，声音愈低，良久寂然。众人抬头一看，一代枭雄就这样病亡于床榻之上，时年 63 岁。

丰臣秀吉死后，众臣秘不发丧，将其葬于京都阿弥陀峰。立其子丰臣秀赖为主。秀赖年仅 6 岁，未能亲政，由前田利家保护在大阪，德川家康则在伏见城代为视事，相约待其年长后再归政于他。

九月三日，德川家康与前田利家、宇喜多秀家、毛利辉元紧急商量，然

德川家康画像

后以永寿昌、宫木丰盛为使者，又以浅野长政、石田三成为撤军指挥，隐瞒丰臣秀吉的死讯，命令在朝日军尽量与明朝达成和议，以便体面撤军。因为蔚山之战后产生的风波，使得加藤清正这样的铁杆主战派都已经无心继续，如今收到可以撤军的消息，驻朝日军人心浮动，纷纷谋划撤军事宜。

万历朝鲜之役（又称“壬辰之乱”）是1592—1598年（明万历二十年至二十六年；日本文禄元年至庆长三年）间，日本丰臣政权与明帝国、李氏朝鲜王国之间爆发的战争。丰臣秀吉野心勃勃，欲“显佳名于三国”，起兵大举侵朝。他企图以朝鲜为跳板，进而征服明朝。朝鲜丧师失地，急忙向大明请求出兵支援。明朝遂调集大军援朝，与日军展开血战。虽然这场战争前后长达7年，但并非年年都在激烈地战斗。实际上，从明万历二十一年（1593年）八月之后，因为种种原因，双方进入了一个暂时的停战期。按说作为一个遭到战争严重摧残，而且战争威胁未曾远离的国家，怎么也得整军经武、发愤图强了吧？朝鲜人却似乎不这么看。在这三年中，他们干得最起劲的事情便是内斗，所谓“与人斗其乐无穷”，这些朝鲜大臣们彼此倾轧的激烈程度，比起对日本人亦不啻多让。在日本侵略的外部威胁并未解除的情况下，居然能产生如此大规模的内斗，这实在不可思议。为何会出现这样的情况呢？祸根还是在“党争”二字。因为“党争”，朝鲜失去了最宝贵的备战时间，导致被日军长驱直入，险些灭国。如今朝堂上的官僚们依然毫无悔改之心，纷纷以极大的热情投入这场政治斗争中去。

首先在“东人党”与“西人党”的斗争中，以“东人党”的大获全胜而告终。但“东人党”获胜之后便迅速分裂为“北人党”与“南人党”，“北人党”以李山海为党魁，而“南人党”则以柳成龙为党魁。原本因明军与柳成龙交好的缘故，“南人党”在朝鲜朝廷中全面压倒了“西人党”与“北人党”。可好景不长，当朝鲜战事进入停战期后，明军主力开始撤军，对朝鲜国内的影响力日趋减弱，随之而来的便是“北人党”政治势力的抬头。

在明军回国后，朝鲜国王李昖没想着卧薪尝胆、整军备战，倒开始文恬武嬉起来。自以为天下无事的他开始大肆封赏“有功”的众臣，“北人党”领袖李山海亦重返朝堂，担任领敦宁府事兼大提学的职位。其实，“领敦宁府事”不过是给退了休的朝廷元老大臣的虚职，并没有实权。但是李山海兼任的“大提学”，却是在司宪部掌握言路的实职。掌握了言路，便掌握了舆论，此时“北人党”虽然依然居于劣势，但是领袖回归，势力大涨，便盘算着要跟“南人党”掰一掰手腕了。

“南人党”的党魁柳成龙在这场战争中功勋卓著，如果直接对其攻击，显然不会起到任何作用。于是，“北人党”便将主意打到了柳成龙全力支持的军方代表李舜臣身上。在明军主力撤出朝鲜后，支撑“南人党”的主要军事力量就是屡立战功的李舜臣领导的朝鲜水军了。因此，要除掉柳成龙，首先就要把李舜臣给除掉。可是李舜臣身为朝鲜水军核心将领，功勋显赫，之前先后取得玉浦大捷、泗川大捷、唐浦大捷、唐项浦大捷、闲山岛和安骨浦大捷，就没有吃过败仗。可以说朝鲜军队最后的脸面便是李舜臣维持的，想要扳倒这样一个名将可不是那么容易。这时候“北人党”想到一个办法，那便是拉拢元均这个人。

元均作为朝鲜水军将领，可谓无能至极。当初，他听到日军入侵的消息，第一天便自沉了几乎所有舰船，但朝鲜朝廷却未给予他严厉的惩罚，只让其跟随李舜臣戴罪立功。跟着李舜臣这位名将，那自然是百战百胜，他在其中浑水摸鱼，居然得到了朝廷的嘉奖。元均完全没有意识到自己的战功全都是因为李舜臣而得，反而对李舜臣嫉恨交加。这样，元均便顺理成章地倒向了“北人党”，成了他们扳倒李舜臣的马前卒。

水军内部的分裂状态，朝鲜朝廷自然也有察觉。比起元均来，李舜臣此时圣眷正浓，过往的辉煌战绩可不是吹出来的。因此，一开始元均怎么闹都没什么效果，甚至因此被调出水军，改任忠清道兵使。当然，“北人党”不会看着元均就这么被轻易击败，便同时向李舜臣“上眼药”。李舜臣是功勋名将，抓不到什么把柄，所以“北人党”来了一招釜底抽薪；你不是水战名将吗？那就调你去打日本水军，要把他们全消灭。这招可谓阴狠之极，此时明朝与日本在北京已经就和谈达成初步意向，朝鲜国内上下也都开始文恬武嬉，让李舜臣突然挑起战事，就算赢了，也肯定会背上“擅自寻衅，破坏和谈”的罪名。“南人党”领袖柳成龙当时力劝朝鲜国王同意议和，如果李舜臣这么干，对一手提拔他的柳成龙也是一个极大的打击。此外，日军水军在遭到李舜臣接二连三的打击之后，痛定思痛，防备极为严密，平日几乎都龟缩于海港之中，即便出海亦是小心谨慎，大举出航，让李舜臣完全找不到机会下手。在这种情况下，李舜臣如果强行攻击，很有可能遭到一场败绩。当然，如果李舜臣不打，那就更好不过。所谓“将在外，君命有所不受”这句话，在一百位君主当中，未必有一位拥有如此广阔的胸怀能包容这点。李舜臣要是胆敢抗命，那正好证明了他骄横跋扈，目无君上，更是要速速除掉才行。如此阴毒的“一石四鸟”之计，果然给李舜臣造成了极大的麻烦。

李舜臣雕像

李舜臣打仗是个内行，但玩政治便极为外行。朝廷这样的命令，在李舜臣的眼里自然是无比荒唐，为了当前的局势以及手下的舰队着想，居然真就没有去理会。这样的处理方式，在军事上是正确的，在政治上可以说是极大的错误。对付这种荒唐的命令，李舜臣面前有个最佳的学习对象，那便是镇守辽东三十余年，官至太傅、封宁远伯的明朝名将李成梁。李成梁在辽东，号称“大捷十次，头功一万五千次”，时时刻刻都能以出色的战绩向朝廷汇报，因此青云直上，到了80岁的年纪依然被万历皇帝所倚重。

李舜臣如果表面上听从这个命令，率领手下舰队小打小闹几次，打沉几艘日军船只，也炮制几个“头功”“大捷”出来，这样既不会遭受什么损失，也不会因为全面开战引火烧身，还能避免政敌构陷。而政治上幼稚的李舜臣面对难题，选择了一条最为坎坷、崎岖的路，带来的后果便是朝鲜朝廷的猜忌，仅因当时没有替换李舜臣的合适人选，才暂时没有动他。

这次事件，深深地动摇了李舜臣在朝鲜朝廷内的根基。“北人党”深谙“趁他病要他命”的斗争诀窍，于是再次发起攻击李舜臣的浪潮。领事右议政金应南当时上疏攻击李舜臣，称元均功劳卓著，却被李舜臣隐瞒，而且元均登陆杀敌之际，李舜臣居然还见死不救。郑崐寿与郑琢等人纷纷附和。幸得“南人党”柳成龙、李元翼等人庇护，才使得李舜臣逃过一劫，但此时明眼人已经看得出来，李舜臣在朝鲜国王李昖心目中的地位，已经摇摇欲坠了。

即使这样，李舜臣依然对国家一片忠心，夙夜匪懈，丝毫没有考虑过自己的利益得失。在《闲山岛》一诗中，他写出了“水国秋光墓，惊鸿雁阵高。忧心辗转夜，霜刀照夜弓”这样的诗句，忧国忧民之心跃然纸上，“民族英雄”之称，李舜臣当之无愧。

“北人党”对李舜臣的攻击虽然迅猛，但是攻击的理由却大都站不住脚，并无真凭实据，基本是风闻言事罢了，因此并不能置李舜臣于死地。到了明万历二十五年（1597 年）一月，明朝与日本之间的和谈实际已经破裂，丰臣秀吉再次下令大军讨伐朝鲜。经过之前的惨痛教训，日本方面充分认识到水军受挫所带来的严重后果，李舜臣成了必除之而后快的人。而此时朝鲜党争剧烈，李舜臣处境堪忧，日本方面看朝鲜人这么急不可耐地自毁长城，又怎能不帮着出一把力呢？于是，一个朝鲜史上最出名的间谍粉墨登场了，这个间谍的名字叫要时罗。此人是个僧人，隶属日将小西行长麾下，精通朝鲜语，在接待朝、明两国使节之际出了不少力。他对战争的局势走向判断颇为精到，看出丰臣秀吉命不久矣，于是曾建议朝鲜使节黄慎对丰臣秀吉虚与委蛇，等丰臣秀吉死了，自然也就天下太平了。这番言论可是正合朝鲜上下的胃口，朝鲜人对丰臣秀吉都恨不得食其肉、寝其皮，听到要时罗预言他马上就要死了，当然会对其另眼相看。结下这个善缘之后，要时罗便频频与朝鲜方面接触，甚至将丰臣秀吉再次向朝鲜用兵的全部计划都透露出来，可谓是朝鲜人民的“老朋友”。他也因此成了实施阴谋的不二人选。

当时，小西行长派要时罗至朝鲜庆尚左兵使金应瑞的大营慰问。可能有人奇怪，朝、日两国不是死敌吗，为何小西行长能派人去朝鲜军中慰问呢？这还是因为小西行长是日本最大的议和派的缘故。小西行长力主议和，与明朝和朝鲜接触密切。在大部分明朝和朝鲜的官员眼中，小西行长能时不时地透露很多日军机密，尤其是其死对头加藤清正的动向，因此尚属“可以被挽救”的日本人。在与金应瑞接触之际，要时罗开始大发牢骚，说现在议和失败，全都怪加藤清正这个贼子从中作梗，咱对他实在是恨之入骨。据我所知，加藤清正某月某日会去一岛上巡视，你们朝鲜善于水战，正好把这厮给干掉，也算是咱们皆大欢喜，可千万别放过这个机会哟！这加藤清正是日军中最死硬的主战派，也是朝鲜人心目中最凶恶的敌人，把这家伙干掉是朝鲜上下期盼而不得的美事。

金应瑞跟要时罗是老相识，又知晓小西行长与加藤清正之间恶劣的关系，因此对此情报深信不疑，赶忙向朝廷汇报。朝鲜国王闻知此事后，立刻召集文武大臣们商议，并将与要时罗熟识的黄慎也召来询问。黄慎虽然与要时罗很熟，但是在此事上却非常谨慎，说加藤清正和小西行长之间的确仇怨甚深，但是在丰臣秀吉的命令下，他们还是一致对外的。而且自古以来，从来没听说奇谋秘计是由敌人提供给我方，让我方胜利的。朝鲜国王李昖虽然口中称是，但是心中却不以为然。此时“北人党”的官员们一拥而上，纷纷发言，认为此事实在是千载难逢的好机会，怎么也得试试看。而柳成龙虽然知道“北人党”不怀好意，却也未力阻，恐怕他心里也信了这个情报。于是李昖以慰劳诸军的名义，派黄慎密谕李舜臣，命其按照要时罗的情报伏击加藤清正。黄慎虽然并不赞成，也只好受命催促李舜臣发兵。可是李舜臣再次犯了耿直的毛病，他断然力阻：“海道艰险，敌人必然在此地埋伏了重兵。如果我们带的船多了，那么敌人便会发觉；如果带的船不够，那反而会被敌人击败。”总而言之，李舜臣就是觉得这事干不干都会失败，因此就不肯白费工夫了。这种应对，再次显现了李舜臣政治上幼稚的大问题。要知道，此事是国王亲自敲定，代表了国王的意志。李舜臣身为臣下，师出无功是能力问题，去不去做却是态度问题了。如果不看好这个情报，那么带着大规模舰队前去也就是了。惊走了敌人，那只能算敌人太狡猾，自己运气不好而已。没有真凭实据，便将国王的命令不当一回事，这样的人怎么能不受猜忌呢？

实际上，此事完全是小西行长与加藤清正的阴谋，加藤清正以自己为诱饵来到岛上，四周埋伏大批舰队，企图歼灭朝鲜水军。李舜臣将此事置之不理，在事实上避免了更大的损失。要时罗见诱敌不成，便又去金应瑞处，假意责怪朝鲜方面没有抓住这个大好机会，而加藤清正明明就在岛上。这事传开后，大批不明真相的朝鲜官员纷纷指责李舜臣。有些惯于见风使舵的小人便想借助这股东风往上爬，他们才不在乎李舜臣之前立了多少功劳，杀了多少倭寇，在他们的笔下统统一笔勾销，总而言之一句话——这李舜臣该死！“北人党”看到舆论终于被造起来，自然在其中推波助澜，这群腐败无能又怕死的官僚们对日本人无可奈何，但对付起自己人来倒是花样百出。于是李舜臣被逮捕，元均终于去掉了这个眼中钉、肉中刺，如愿以偿地当上了忠清、全罗、庆尚三道水军统制使。

这次李舜臣是栽了，但是“北人党”却并不放心，毕竟李舜臣是个名将，过往战功赫赫，万一有什么风云变幻，说不定就能“咸鱼翻身”。为了将此案办成铁案，“北人党”撺掇国王李昖派了成均馆的司成南以信去查探这件事。这成均馆类似明朝的国子监，是朝鲜的最高教育机关，司成便是其中的官职之一。这搞教育的，被派去查探军事情报，可见朝鲜朝廷在这件事上有多么儿戏。这南以信也不负“北人党”所望，兜了一圈之后便回来启奏，说加藤清正的确在岛上逗留了 7 天，我军如果出动的话简直唾手可得。以明眼人看来，这个调查结果可谓是漏洞百出：这南以信到底通过什么渠道将加藤清正在岛上逗留的时间打探得如此精准？又怎么知道加藤清正到底带了多少水军舰船，以至于可以将其一举拿下的？这显然是炮制出来的谎言，可是这谎言却非常能迷惑人。这样的结论一出来，李舜臣简直是举国皆曰可杀了。欲加之罪，何患无辞？之前李舜臣不把朝廷的命令当回事的老账统统被翻了出来，你风光的时候，这叫“将在外，君命有所不受”；你倒霉了，这就叫“轻慢朝廷，目无君上”。早就记恨在心的国王李昖当时就定了调子，说李舜臣如此罪大恶极，就算这次他干掉了加藤清正，也不能轻饶。他还把明将李如松等人顺便数落了一通，说他们在朝鲜各个都欺瞒国王，搞得朝鲜人也有样学样，不把朝廷当回事，现在这个李舜臣便是榜样；这种武官轻慢朝廷的习气，一定要重重惩治。这昏庸的老小子到了现在还不辨忠奸，自己把国事弄得一团糟，好不容易出了这么一个忠臣良将，居然还想杀掉，实在是令亲者痛，仇者快。

以李舜臣被逮捕为标志，预示着朝鲜的“南北党争”已经进入白热化阶段，可这时候身为“南人党”领袖的柳成龙却漠然视之。李舜臣是柳成龙一手提拔起来的，身上就打着“南人党”的烙印，这柳成龙就算不为国家兴亡、民族大义着想，只是考虑党争，也应该尽力保下李舜臣才对，他怎么会在这时候袖手旁观呢？其实，这应该从柳成龙的性格特点说起。不论“南人党”还是“北人党”，都是从当年的“东人党”分裂而来。他们当时齐心合力斗垮了“西人党”，但是在处置“西人党”的时候却产生了矛盾。“北人党”领袖李山海主张除恶务尽，而“南人党”领袖柳成龙却主张以大局为重，不要穷追不舍。从对待“西人党”一事便可以看出，柳成龙喜欢求稳，斗争不坚决，带有先天的妥协性。李舜臣如今的处境几乎是人人喊打，柳成龙此时便鼓不起勇气力保李舜臣，仅不痛不痒地说了两句，之后便沉默不语了。

也算是天无绝人之路，虽然柳成龙不敢仗义执言，另外一个强力人物却站出来说话，将李舜臣保了下来。此人便是身为判中枢府事的郑琢。这中枢府掌管王命出纳与军务，后来，王命出纳事务转由议政府与六曹办理，军务又为兵曹和三军镇府所等机构所夺，中枢府变成一个闲职单位。可此时因为战争的关系，身为判中枢府事的郑琢对军务有不小的发言权。他当时说李舜臣是个名将，绝对不能杀，军机利害，我们身在朝堂之上又怎么能完全清楚呢？李舜臣不出击，必然有他的道理。人才难得，还是让他做回小兵，戴罪立功吧！郑琢曾经帮助国王李昖从平壤逃到义州，可谓有擎天保驾之功，他的话对李昖来说分量很重。因此看在郑琢的面子上，李舜臣保住了性命，罚去都元帅权栗帐下，白衣从军效力。

李舜臣在狱中经受了严刑拷打，这并未击垮这位名将，但是在李舜臣入狱这段时间，他的母亲在牙山县听说儿子入狱，居然忧惧而死。这对他来说简直就是晴天霹雳，当时就难过得两眼发黑，连天上的太阳也变得黯然无光。李舜臣出狱之后，经多方打点，路过牙山县为母亲办理丧事。出殡当天，大雨滂沱，李舜臣无法遏止满腔悲愤，号哭不已，几至晕厥，脑海中充满了追随母亲而去的念头！忠臣良将遭到如此对待，朝鲜朝廷内这些官僚们可以欺瞒国王，但是却欺瞒不了广大中下层军民，他们都为李舜臣愤愤不平，也对这个腐败的朝廷充满失望。

小西行长“帮”了朝鲜人一把，把朝鲜对日本侵略者最大的威胁——水军名将李舜臣给整得死去活来。李舜臣是被打倒了，但他一手打造的朝鲜水军却还完好无损。于是，朝鲜人民的“老朋友”要时罗再次粉墨登场。

这次他还是老套路，先去找了金应瑞。为了算计朝鲜水军，小西行长可是花了血本，他授意要时罗把日军下一阶段的侵朝计划给说了个底掉。比如，日军计划六月底、七月初展开攻势，首要主攻目标便是全罗道；加藤清正会从庆州、密阳或者大丘中任意一地发兵，小西行长则由宜宁、晋州出兵。不但如此，要时罗还极为热心地帮朝鲜方面谋划防御对策。他提出的办法是：朝鲜方面应该坚壁清野，军粮、武器、牛马、老弱要么转移到荒僻的海岛上，要么就藏在深山老林之中，不要给日军留下一粒粮食。另外，组织壮丁成立游击队，时刻骚扰日军。这些情报可是千真万确，给朝鲜人出的主意也是真知灼见，要是朝鲜方面真的依照实行，那也真够日军喝一壶的。

这么重要的情报让金应瑞又惊又喜，这些与他所掌握的情况完全一致，但又详细精准得多，简直是天上掉下来的大馅饼。金应瑞此时对要时罗可谓言听计从。看火候到了，要时罗才将真正的目的透露出来。他说：“上次我冒死向你们透露加藤清正那厮的情报，结果你们没能抓住机会。这次我探查到，又有一批运输舰队将要抵达釜山。这批舰队缺少护卫，你们要是出击必然能将其全歼。这样好的机会可千万别再错过了！”

金应瑞得到了这么多重要的情报，简直如获至宝，急忙快马飞奏朝廷，强烈要求朝廷调动水军伏击日军运输舰队。既然有上一次的教训，这次出击便显得势在必行。这个任务理所当然地落到了新任忠清、全罗、庆尚三道水军统制使元均的头上。这元均要阴谋诡计是一把好手，遇到实战较量，他就开始心虚了。可眼下却由不得元均退缩，他就是借着攻击李舜臣胆小，不敢主动出击而上位的，如果他也跟李舜臣一样不出击，不但国王李昖饶不了他，连扶他上位的“北人党”也不会轻饶他。

可真的要打，元均心中并无把握。他上任以来，将李舜臣一手打造的战斗力很强的朝鲜水军给弄得千疮百孔。元均上台的第一件事，就是把李舜臣之前制定的、已经行之有效的号令和制度全面废除，然后就在水军内部搞政治斗争，打压、流放李舜臣的亲信将领和士兵，四处安插自己的亲信。而他自己却整日酗酒，根本不理军队的日常整训，动不动就鞭挞士卒，甚至带小妾进军营淫宿。所谓上行下效，这样的主帅，又如何能带出一支有战斗力的队伍？此种习气很快便在军中弥散。当兵讲的是陷阵杀敌，他们可不管主帅到底在朝中有多少势力，如何能钻营，他们只知道能带领自己打胜仗，尽量少死人的主帅才是好主帅。像元均这样的，怎么看都是个酒囊饭袋，把命交到他的手上，那就真的要祈祷老天保佑了。于是，元均手下的将士们也都有了自己的小心思，纷纷打起了遇到日军就逃的念头。

被逼无奈之下，元均只好点齐所有船只，按照要时罗提供的时间驶向釜山，去截击日本运输舰队。明万历二十五年（1597 年）年六月十九日，元均率舰队从闲山岛出发，摆出一副要进攻的样子。这元均毕竟也是行伍起家，虽然才能、本事样样稀松，但是对水军中的情形倒也不是两眼一抹黑。他路上遇到了岛津义弘和高桥统增部下的小股日军巡逻舰队，随便打了一场后便缩回了闲山岛水军大本营。

元均如此无能的表现，让扶他上位的“北人党”十分丢脸，甚至还给了“南人党”以攻击的口实，连都元帅权栗都对其极为不满，纷纷给元均施加压力，命令其必须出击。此时，元均才明白这个三道水军统制使不好当，但是没办法，赶鸭子上架也顾不得许多了。为了头上的乌纱帽，元均豁出去了。

七月七日，元均率舰队再次从闲山岛出发，杀奔釜山。这次元均不像第一次出击时那样畏首畏尾，而是走了另一个极端。他丝毫不考虑水手们的体力，只顾催逼他们尽力摇橹划船，用最快的速度到达目的地。可是元均却不知道，他的一举一动均在日军的预料之中。在要时罗的帮助下，日军对朝鲜水军的动向了如指掌；此外，日军还在闲山岛至釜山沿线布下极多眼线，他们一见朝鲜水军出动，便立刻乘着潮水用快船接力报信。日军伺机而动，聚集了全部水军主力与部分陆军，在釜山附近的绝影岛埋伏，以逸待劳，等朝鲜水军自投罗网。

元均率水军开到绝影岛附近后，已经接近黄昏，此时天色阴沉，风急浪高。朝鲜水军自闲山岛出发之后，在元均的催逼下一路疾行，舰队中的水手又累又饿，完全没有得到休息。于是，元均率舰队开往绝影岛的港口，准备休整一夜，第二天伏击日军补给舰队。可是朝鲜水军刚入港口，还未下锚，早就埋伏在绝影岛周围的日军战舰便杀气腾腾地聚拢过来，将朝鲜水军围堵在了港口附近。在充分情报的支持下，日军水军做到了知己知彼，在对手最为虚弱之际，发起了最致命的攻击。

600 余艘日军战舰在海平面的那头乘风杀来，海面上的阴云仿佛跟随着这些战舰而翻滚；落日的余晖已经无法穿透黑暗的云层，日军战舰仿佛从地狱中杀出的魔舰。不再温柔的海风仿佛听从日本人的召唤，呼啸着扑向了朝鲜水军，让后者处在了逆风的不利境地。见日军杀来，元均此时也破罐子破摔，不顾目前的窘境，挥剑喝令全军迎战。庆尚右水使裴楔对战局极不看好，指出绝影岛港口周围地形复杂，朝鲜水军无法展开，力劝元均速速撤离，却被已经疯狂的元均拒绝。于是，裴楔干脆违抗命令，吩咐自己所属的 12 艘舰船按兵不动。

硬着头皮迎战的朝鲜水军只好顶着狂风，向日军发射炮弹、弓箭。可因逆风作战，水手们都已疲惫不堪，没有体力完成高强度的划桨与战术动作，船只被狂风吹得七零八落。藤堂高虎、胁坂安治和岛津忠恒指挥日本水军迅速合围，炮火震天。听得炮火响起，岛津义弘率领 3000 名日本步兵，杀往绝影岛港口，企图俘获朝鲜水军尚在港口停泊的部分船只。此时裴楔正在港口，一见日军杀来，他也不管元均死活，率所部夺路而逃。

日军顺风作战，进退自如。他们知晓朝鲜水军是一支疲军，因此故意不与朝鲜军正面作战，而是像牛皮糖一样粘着朝鲜水军，玩你进我退、你退我进的把戏。一旦发现某艘朝鲜战舰落单，便一拥而上，群起而攻。日将岛津忠恒、箕浦忠光等人纷纷跳上朝鲜战舰厮杀，朝鲜水军士卒早已筋疲力尽，如何是这帮日军的敌手？于是或被俘或丧命。元均见日本水军如此强大，而裴楔又先逃，刚鼓起的勇气就像被戳破的气球那样飞得无影无踪，于是急忙下令撤退。这个命令一下，直接导致朝鲜水军的全面混乱，被日军穷追猛打，损失惨重。

战斗从黄昏一直打到入夜，厚厚的云层使得星月无光。在伸手不见五指的海面上，敌我难辨，日军也无法继续追击。元均总算捡回一条命，率残部一路逃回加德岛。

到了加德岛，朝鲜士卒经过两天奋战，又饥又渴，纷纷在此停泊取水。这加德岛是闲山岛至釜山之间的一个大岛，也是航船休整补给的必经之地，因此日军早早在此设下了伏兵。趁着朝鲜士卒们纷纷下船取水，不成行伍之际，日将高桥直次、筑紫广澄突然率军杀出。朝鲜水猝不及防，又不擅陆战，结果被斩杀 400 余人。

朝鲜水军遭此猝袭，只能仓皇逃窜，而日军主力舰队则像狗追骨头一般锲而不舍。就这样一路追逃，元均好不容易将水军撤到巨济岛北面的漆川岛。漆川岛与巨济岛仅隔了一个小海峡，这条海峡的名字便是漆川粱。这巨济岛乃是朝鲜第一大岛，可以说是闲山岛的屏障，相对比较安全。此时朝鲜都元帅权栗身在固城，距漆川岛并不远，因此元均大败的消息很快便传入他的耳中。权栗本对元均此次出击抱有极大的期望，却得到这么一个结果，自然愤怒不已。他竟然派了使者手持军令赶赴漆川岛，将元均召至固城，当众狠狠地赏了这家伙一顿“竹板炒肉”，并且命令他重整旗鼓，与日军再战；如若再败，提头来见！可是这顿军棍不但没有让元均知耻而后勇，反而让他自暴自弃起来，回去之后居然借酒消愁，喝了个酩酊大醉。就在元均沉醉酒乡之际，日军水军也借着夜色悄悄追至漆川岛附近。岛津义弘首先率陆军 2000 人在漆川岛及固城沿海一线埋伏。七月十五日二更（晚上 9 时到 11 时）时分，日军五六艘先头船只突然驶入漆川岛并四处放火。此时朝鲜水军主帅醉酒，兵无斗志，顿时四处逃窜。到七月十六日黎明，藤堂高虎率本部水军率先发起总攻，加藤嘉明等将继至。只见日军接近后，纷纷抛出铁爪钩住朝鲜战船，并号叫着顺飞爪来到朝鲜舰船上，掀起一阵腥风血雨。朝鲜水军已经毫无反抗能力，他们的战舰不是被日军投掷的油火罐烧沉就是被日军用跳帮战术俘获。此时锅岛直茂的儿子锅岛胜茂正好在竹岛，见有便宜可捞，便驾船前来凑热闹，结果也俘虏了一艘朝鲜战舰。这家伙战后大发感慨道：“我小时候曾经跟随太阁殿下游历，见过野樱满山伴随着白雪烂漫夺目的风景，以为这就是天下最壮观的景色了。谁知道此战见加藤嘉明豪战，血色漫布天海，顿觉以前看过的那些景色都不算什么了。”

朝鲜水军此时彻底溃败，部分弃船登岸，部分驾船逃往固城秋原浦。可这些日军早有预料，岛津义弘的陆军在沿岸早就布下了天罗地网，这些朝鲜溃卒们大部被杀。逃往秋原浦的水军残部则被追击的日军水军团团包围，尽数击沉。元均与宣传官金轼、顺天府使禹致绩等人在秋原浦弃船登岸，仓皇逃窜，但日军亦派兵上岸穷追不舍。元均可能是在醉梦中被惊醒，连衣服都忘了穿，就拿了一把剑，光着膀子随着朝鲜溃兵而逃。可这家伙生活糜烂，酒色无度，早就被掏空了身子。又老又肥的他不过跑了百十米便气喘如牛、汗如雨下，一屁股坐到一棵松树下再也起不了身。而他身边的朝鲜军兵们没有一个人想到去救他们的主帅。宣传官金轼体能很好，跑得飞快，还有余力观望身后的情形。他最后看见的一幕便是元均被六七名日军围住，生死不知。（查阅相关的历史资料，朝日双方的历史记录中并无元均存活的记载，但也没有元均被杀的第一手记录。）

此战朝鲜水军被俘船只就有 260 艘以上，被杀、溺亡者数千人，李舜臣的得力助手全罗右水使李亿祺、忠清水使崔湖等人均力战至死。可以说，李舜臣一手造就的朝鲜水军在这一战被一扫而空。

如果说此战还有亮点，那当数庆尚右水使裴楔。他派了手下日夜监视日军动向，一嗅到味道不对便率所部逃往闲山岛，毫发未损。而且他逃到闲山岛之后，知道日军马上会追杀过来，于是一把火将闲山岛上的军事物资烧得干干净净，又将在岛上的朝鲜军民尽数撤离，让尾随而至的日军一无所得，也算保存了朝鲜水军的最后一丝元气。可是这样的逃跑行为注定无法受到赞赏，战后裴楔受到了多方面指责，甚至李舜臣也认为这样的行为连元均都不如。元均以自己的死洗脱了一切罪名，后来居然还捞到了一个“一等效忠仗义迪毅协力宣武功臣”的头衔，与李舜臣、权栗并列。而几乎算被他害死的李亿祺与崔湖却仅获封“二等效忠仗义协力宣武功臣”和“二等奋忠出气迪毅清难功臣”。当然，这免不了有“北人党”在其中上下其手。恐怕元均的阵亡，让极力推荐他的“北人党”们长舒一口气。人死万事空，这元均死了，“北人党”还可以给他套上一个“国家英烈”的光环，那么“北人党”之前推荐元均的责任便无人在意。虽然历史上元均的结局并无明论，但是，就算

朝鲜龟船（悬挂“龟”字旗）与日本安宅船交战

元均当时生还，等待他的也只能是悄声无息地“被阵亡”吧。

当元均战死的消息传来，朝鲜朝野上下一下傻了眼。好好的一支水军就这样被朝鲜君臣给折腾光了，实在可以用“败家子”来形容。但是，世界上是没有后悔药可吃的，现在更重要的是该怎么办。而摆在他们面前的办法只有一个，那就是让李舜臣重新出山。“北人党”当然不肯让李舜臣复出，可是形势比人强，就算国王李昖不愿意，也得捏着鼻子认下来。七月二十二日，朝鲜朝廷恢复李舜臣全罗道水军左使，兼忠请、全罗、庆尚三道水军统制使之职。因此，李舜臣也被称为“统制公”。

此时，朝鲜南部二道到处日军横行。李舜臣带着一员军官自庆尚道进入全罗道，昼夜潜行，抵达珍岛，准备召集残部，重振旗鼓。李舜臣到达珍岛时，眼见舟船器械，荡然无存，多年苦心经营的朝鲜水军雄风不再，到处一片荒凉。正叹息间，庆尚右水使裴楔带着 12 艘战舰赶来了。李舜臣喜出望外，接着又得鹿岛战舰一艘，因此后来参与鸣梁海战的朝鲜战舰一共为 13 艘。

如今的朝鲜水军，家底均是裴楔保存下来的，因此李舜臣也极为重视裴楔的意见。在讨论水军未来道路的时候，裴楔大概是觉得前景黯淡，居然提出放弃船只、撤往内陆的意见。这个主意李舜臣当然不会采纳，就算是死，他也要与日军决死一搏，怎么能不战而逃呢？见说服不了李舜臣，裴楔干脆弃船走人。连水军大将之一裴楔都如此悲观。可见此时的朝鲜水军已经毫无士气可言。但此种消极局面非但没有打击到李舜臣，反而激发了他力挽狂澜的决心。他与众人相约为国尽忠，同生共死，诸将无不感畏奋发。为了重振军威，李舜臣重拾奖惩制度，雷厉风行地处罚了一批惑乱军心的将领，并重赏勇敢的士兵。与此同时，李舜臣还上疏朝廷，驳斥汉城中许多官员对水军悲观的态度，并希望国王收回裁撤水军、放弃全罗道沿海的成命。

抵达残兵集结地回龙浦后，李舜臣发觉这里离日军太近，便全军西撤到兰浦。但这并未让朝鲜水军赢得多少时间。到了八月二十八日，就有8艘日军战舰出现在兰浦的海面上。这队日舰实际上不过是一支先头小分队，可就是这样，朝鲜水军见到敌人的影子就想跑。李舜臣只得命令自己的旗舰一马当先杀入敌阵。众部下见主将玩命，只觉得血往上涌，找回了早就被抛到九霄云外的勇气，跟着杀出军港，将日舰赶了回去。经此一战，朝鲜水军终于重新鼓舞起士气。

当然，吃了小亏的日本人肯定不会甘心，得知朝军竟还有残余水军，日军数百艘战舰将随时前来围攻。有鉴于此，李舜臣又下令放弃兰浦，率领120余名士卒，驾着13艘战舰栖依于珍岛东北方向的碧波亭洋中。珍岛位于全罗道海岸线的最西侧，之后便是茫茫黄海。如果珍岛失守，日本水军便能长驱直入，直指江华岛，威胁汉城！可以说，李舜臣把全军带入了背水一战的境地。但为什么李舜臣要选在此危地与日军决战？除了给全军造成退无可退，必须决死一战的压力，他还有什么别的谋略吗？

实际上，李舜臣选择在此作战，的确经过了深思熟虑。碧波亭前有小岛横堵，港湾深广，可藏匿数十艘战舰，附近又有狭窄的鸣梁口，最狭窄处仅250米。如果在此地迎击，日军舰队越庞大，越无法展开，只能以小股舰队与朝军对阵，可谓一夫当关，万夫莫开之地。此外，此处水文条件极为复杂，不但水流湍急，且有很多暗流、漩涡。该海区为半日潮，每天海潮都要涨落四次；因潮汐瞬息变化，涛声轰鸣如雷，故称“鸣梁”。不要说外国人，就连大多数朝鲜人也对此地敬而远之。即便如此，李舜臣还嫌不够，又在鸣梁口东西通道暗设铁索、木桩，以防碍敌舰的行动，决心给日本水军一个下马威。

到了九月七日，13艘日军战舰将朝军弃守的兰浦占领，此后日本水军主力源源而来，不到一个星期便有数百艘战舰之多。实力如此悬殊，李舜臣依然不急不忙、慢条斯理地做着战前准备。他将战舰全都布置在鸣梁海峡出海口的西侧，又安排了数十艘小渔船，在远处虚张声势。同一天，日军又向珍岛进行数次试探性攻击，均被李舜臣击退。日军接二连三地试探，使得所有人都知道，对方的大规模攻势已经迫在眉睫了。

九月十五夜，月明如昼。李舜臣带甲枕鼓而卧，忽然坐起呼左右取烧酒来。他饮了一杯，招呼诸将到跟前道："今夜月色甚明。贼谋多诈，无月时固然袭我，月明也应来袭，警备不可不严。"于是吹号角命令诸船举碇，又传令各舰斥候待变，将所有部卒从熟睡中唤起。过了好久，哨探船果然急报日军来犯，诸军顿时一阵骚动。李舜臣喝令诸舰勿动，寂然以待。

此时日军水军以藤堂高虎为主将，纠集加藤嘉明、胁坂安治、来岛通总诸将，率 330 艘舰船（其中战舰 130 艘，运输船 200 艘）从兰浦发兵，向珍岛杀来。由于航路狭窄，日军舰队被分为四五个小队，鱼贯前行。也就是说，日军真正可以作战的战舰只有 130 艘，兵力又被分散，而且日军船只的性能不如朝鲜战舰，因此双方的战力并非看上去那么悬殊。

在皎洁的月光下，巍峨的山影倒遮住海面，致使被遮的一半海面微呈阴暗。日军战舰从阴影中驶出，逐步逼近朝鲜水军。好整以暇的李舜臣指挥旗舰首先开炮，其余诸舰纷纷开炮。日军以铁炮①回应，却完全奈何不了李舜臣的座舰。于是，日军用来偷袭的先头部队就这样被击退。

天明时分，日军主力卷土重来，这场海战便进入了最关键的时刻。远远望见上百艘日军战舰蔽海而上，朝鲜水军不由得心生惧意，一个个躲得老远。李舜臣没办法，只得再次身先士卒，率旗舰当先杀出，与日军正面交战。日军的船只远没有李舜臣的旗舰大，因此李舜臣的旗舰可以四面开炮，居高临下地向敌军射箭，甚至可以撞击日军战舰导致其倾覆。而日军的反击只有开枪、攀爬和丢火罐这样的手段。所以李舜臣的旗舰虽然被围攻，却闪转腾挪，自如无比。

就在激战之际，李舜臣的精心布置终于发挥了作用——鸣梁海峡的早潮退了，汹涌的潮水将日军战舰冲得七零八落。此时，第一个壮着胆子来帮忙的是巨济县令安卫。他率战舰顺着潮水直冲入日军战舰队列，被日军团团包围，安卫拼死奋战却无法突围。李舜臣见此情景，亦率所有战舰杀入敌阵。就在此时，李舜臣的手下，一个降倭发现了来岛通总的座舰。李舜臣遂指挥朝鲜水军对其攻击，来岛通总被乱箭射死。在日军壬辰年第一次侵朝的唐浦

① 日本人称火绳枪为"铁炮"。

海战中，李舜臣击毙了日军主将来岛通之，这次他的兄弟又在李舜臣手下遭遇同样悲惨的命运。自此，控制日本濑户内海的海贼势力村上水军，其三大支柱之一的来岛水军遭到毁灭性打击，再也未能回到历史的舞台。日军损失惨重，不敢再战，只好灰溜溜地撤军而回。

后世复原的朝鲜龟船以及板屋船

在鸣梁海战中，李舜臣以 13 艘战舰对阵日军水军 300 余艘舰船，击毁日舰 31 艘，堪称世界战争史上的一大奇迹。但话又说回来，此战在整个万历朝鲜之役中，不过是一个战术上的大胜，并未影响到整个战略层面。实际上，包括李舜臣此前所获得的多场胜利，对日军在朝鲜半岛上的战略行动并无明显威胁。日军高级将领与其所属军队基本想来便来，想走便走，至于切断日军后勤补给线更是无从谈起。之所以没能做到这一点，笔者认为并非因为李舜臣能力不足，而是腐败无能的朝鲜朝廷掣肘导致的。此外，最不能忘记的是，几乎在鸣梁海战的同一时间，以提督麻贵为首的明军与以黑田长政为首的日军在朝鲜稷山进行了一场殊死陆战，此战将日军大肆反攻的嚣张气焰彻底打掉，稳定了整个汉城防线，让明军彻底掌握了战略的主动权，直至最终的胜利！

丰臣秀吉死亡的消息，很快便在朝鲜大地上传开了，日军纷纷收拾行李，准备回国。而明军陆军方面，也完全没兴趣赶尽杀绝，等日军自己乖乖离开，那就是稳稳的一份军功，又何必再去冒险呢？朝鲜方面当然依旧不依不饶，极力主战，要把日军侵略者全部消灭。可是明军不出战，让他们自己去打又没这个能耐，只能眼睁睁地看着日军尽数渡海回国。这其中，加藤清正撤走的时候最为有趣。他故意在城内留了一封文书给明、朝联军，说自己不是撤军，而是为了去救援驻顺天的小西行长，日后在顺天再战。加藤清正与小西行长本是死对头，又怎么会去救他？明摆着是要把祸水往小西行长身上引。实际上，他早就从釜山乘船回日本了。

陈璘画像

虽然陆军已经没了战意，身为明朝水军提督的陈璘却战意正浓。之前在顺天城打得极为憋屈，这下子能痛打落水狗，岂不快意？收到日军要逃的消息之后，他便大笑道：“我等击倭收功，正当其时！”于是命令明、朝联军水军主力由古今岛移驻左水营、螺驴岛，以一军据顺天城南光阳湾口的猫岛，封锁光阳湾；一军在露梁海峡及以东海域巡逻，监视日军行动。陈璘这样一动，结果就把小西行长堵在了顺天，动弹不得。

十一月十一日早晨，西路日军乘船集结松岛，试图遁归，然而遭到扼守猫岛的明、朝联军拦截。小西行长拣选精兵多次发动攻击，均无法突破防线，只得悻悻退回。

眼看十一月十五日的撤退日期将至，小西行长被困十余日无法脱身，心里焦急万分：如果再不脱身，眼看着顺天就要成为“死地”了。于是，他一面派人跟明将刘綎好言相求，一面苦求陈璘说：“请允许我送人分往诸屯，同约渡海。”在尚未得到陈璘的明确答复时，他即派出 8 名日军，乘坐一只小船驶入海中，向陈璘央求道：“有女婿在南海岛，需要和他商议。想要派人请来，请将此船放行。”

小西行长的女婿宗义智这时候正在南海岛。陈璘见小西行长实在可怜，居然心头一软，将此船放了出去。李舜臣知道之后忙对陈璘说："诡诈之言不可相信。所谓请婿，无非想请援兵而已。"陈璘这才恍然大悟，不由自责不已。

李舜臣见他自责，连忙说不要紧，实际上这反而是个诱敌决战的好时机。他解释道：小西行长求救的消息一旦传递出去，那么泗川岛津义弘所部水军必然会来救援，这时候在半路截杀，定能大获全胜。

陈璘听闻此话，不由转忧为喜，于是发兵前往露梁，准备在此决一死战。这陈璘是个有名的"坏脾气"，对朝鲜众官员动辄喝骂。当初察访李尚规不知何故得罪了陈璘，居然被一个军士拴住脖子拖行，一时血流满面。柳成龙令译官劝解不得，便对同僚道："可惜李舜臣军，又将败矣。与陈璘同在军中，动辄掣肘，萌生矛盾，必将侵夺将权，纵暴军士。逆之则增怒，顺之则无厌，军队何由不败？"朝鲜众官员均认为柳成龙说得没错，也都不看好陈璘与李舜臣的合作。那陈璘现在为何如此重视李舜臣的意见呢？

要知道，陈璘虽然脾气不太好，是个直性子，但他对日军作战可是全力以赴；对朝鲜方面人士，只要有才能，他一样会另眼相看。陈璘在朝鲜众官员面前骄横无礼，不过是看不起这些尸位素餐、百无一用的庸才而已。但对于李舜臣，他却完全不一样。接触了短短一段时间，陈璘就对李舜臣的才能大加赞赏，甚至对朝鲜国王盛赞李舜臣有"经天纬地之才，有补天浴日之功"。所谓英雄重英雄，陈璘认可了李舜臣的才能和人品，对他就推心置腹，出则同轿，从不以主帅自居。如有明军侵扰朝鲜军民，则令李舜臣便宜行事，从不掣肘。李舜臣于是得以约束明军，后者与朝鲜军合作无间，"有夺民一缕者，一律拿致捆打。岛中肃然，秋毫不犯，一军赖以相安"。陈璘这样的心胸，又岂是朝堂之上那些只知党争、心胸狭隘、凡事推诿的朝鲜官员所能妄加揣测的？因此陈璘与李舜臣两军配合无间，下定决心要在大海之上给日军一个好看。

露梁海峡是位于朝鲜庆尚道莲台山与南海岛之间的一条狭窄水道。因南、北岸上各有一个露梁镇，故称"露梁海峡"。这里是由泗川通往顺天的海上捷径，陈璘、李舜臣预料岛津义弘的援军必由此经过，因此决定在这里与日本

岛津义弘雕像

水军决一死战。

接到小西行长的求援信息之后，岛津义弘不但倾巢而出，还联合了立花宗茂、宗义智、寺泽正成、高桥统增等人，统率500余艘舰船抵达南海岛，预备乘着夜潮渡过露梁海峡，抵达顺天营救小西行长。

就在岛津义弘率军前来之际，明军已经策划好了作战方略。老将邓子龙自告奋勇，陈璘命其率水军千余人，巨舰三艘为前锋，埋伏于露梁海峡西部海域北侧；李舜臣率朝鲜水军进泊南面的南海岛观音浦；陈璘自率主力屯在北面的竹岛与水门洞港湾内。待日军舰船通过露梁海峡之际，陈璘与李舜臣立刻率军南北夹攻，而邓子龙则负责切断敌人后路，务求全歼敌军。

十一月十九日夜半三更，看着漆黑的海水，听着波澜的潮声，李舜臣似乎对即将到来的大战有了一丝预感。于是他在甲板上双膝跪地，仰天祝祷："今日固决死，愿天必灭此贼。"之后便率先开进露梁海峡，陈璘与季金随后而行。四更时分，月挂西山，山影倒海，半边微阴。明、朝联军无数战舰从阴影中杀出，与趁夜渡海的日军迎头相撞，顿时炮声如雷，弹丸如雨，这平静的海面霎时间水柱飞射，沸腾一片。

双方这一照面，真可谓仇人见面分外眼红。明军本已设下了埋伏，这时候更不会客气，大炮、火罐纷纷出场，顷刻间便将日军舰船击沉数艘。岛津义弘见势不妙，连忙指挥舰队向南撤退，却正撞到由李舜臣带领的、从观音浦内杀出的朝鲜水军。李舜臣所率舰船有不少是其改良后的龟船。这些龟船艏部为龙头造型，龙头口内安有大炮，船前有巨锚充作撞角，四面设有炮位；船下部设桨，船顶蒙皮并涂满防火的湿泥，并且到处插着锋利的铁锥。这种龟船作为李舜臣的杀手锏并不是第一次出现，但同样给日军带来了巨大的杀伤。日本水军的作战方式依然是向敌舰投掷火罐，然后跳帮与敌军肉搏。可是面对龟船，日军拿手的作战方式几乎完全没有用武之地，不一会儿便被击沉40余艘战舰。

岛津义弘眼看战事不利，只能率军进入观音浦以求喘息。可是观音浦并非良港，进去之后很容易被堵死在港内。此时天色已明，岛津义弘知道不能再这样下去，于是又率军向北冲杀。此时邓子龙亦率兵突然杀出，大炮、火箭齐射，打得日舰纷纷起火。

不一会儿，陈璘、李舜臣各率舟师跟踪赶到。明、朝联军三面合围，展开激战。日军此时也杀红了眼，奋力反击。此时，敌我舰船混战在一起。日军铁炮在此距离上威力无比，陈璘左右二将均中弹身亡，但陈璘却毫不畏惧，以大炮还击。双方火器互射，水军们亦纷纷向敌舰跳帮，短兵相接，杀声震天。邓子龙虽已年近70岁，但意气弥厉，欲夺首功，乘风破浪追击日舰。他嫌坐舰高大笨重，亲率家丁200余人跃上朝鲜快船，直前奋击。明军以铁钩搭向日舰，并投掷燃烧物引燃日舰。日军大乱，纷纷窜往明舰，被明军趁机杀死50余人。

而李舜臣亦不甘示弱，他亲自擂鼓督战，驾船杀入日军舰队正中央，与日军死战，瞬间被重重包围。陈璘见李舜臣陷入危境，不由得大急。此时露梁海峡无风，明军战舰均为帆船，航速极慢。因此陈璘干脆登上朝鲜水军一艘战舰，高呼酣战，杀入日军重围解救李舜臣。陈璘的勇敢举动让围攻李舜臣的日军为之一惊，李舜臣抓住机会冲出重围，但陈璘反而被日军包围。

日军大概知道船内有重要人物，因此如蚂蚁一般纷纷向陈璘座舰攀爬。舰上明军官兵奋力搏杀，但依然有漏网之鱼。日军一员悍卒左冲右突之下，居然直取陈璘。就在危急关头，陈璘的儿子陈九经扑在陈璘身上，为父亲挡住了致命的刀刃，浑身鲜血淋漓也丝毫不动。陈璘身边的旗牌官大怒，厉喝之下将手中的镋钯刺入这悍卒的胸膛，双手发力将其顶入大海，才让陈九经幸免于难。

陈璘的座舰吸引了无数敌舰，他却毫不畏惧，居然命令下锚，要原地与日军死战。日军船小，纷纷用铁炮向上射击，而陈璘则命明军伏于盾牌后，以火炮还击。日军见铁炮射击不奏效，于是再次向船上攀爬。明军则手持长枪猛刺，将日军一个个刺落水中，落水而亡者极多。此时，王元周、福日升二将见主帅情况危急，亦换朝鲜战舰，奋勇杀至陈璘身边，以做护卫。过了一会儿，陈璘忽又摇铃，明军顿时纷纷收回兵器，船内寂静无声。日军不知道陈璘葫芦内卖的是什么药，便指挥船只散开。可是还没等日军分散，明军便已经抬出了喷火筒，向下乱放。这喷火筒内全都是油料，甚至在海面燃烧也不会熄灭。日军猝不及防，多艘战舰顷刻间烈火熊熊，燃成一片。一时烟焰蔽天，大海为之尽赤。

脱险的李舜臣见陈璘座舰居然被围，不禁焦急万分。与陈璘这位明朝提督相处的这段日子里，双方都结下了深厚的兄弟情谊，陈璘为了救他而深陷重围，李舜臣又怎能见死不救呢？于是命令麾下舰船再次冲击日军船阵。日军战舰中有一巨舰极高，上有红色大幕，有三员日将身穿金甲指挥作战，极为显眼。他们其实乃立花宗茂麾下的亲信大将，因此均穿戴特制的金箔押桃型兜和具足。李舜臣知道此舰必载有日军重要人物，便指挥精锐合力攻击，射死其中一人。周边日舰纷纷来救，陈璘座舰终于脱险。不过，陈璘并未突围，反而驾船与李舜臣舰队合兵。他们愈战愈勇，将日军舰船打得纷纷起火、沉没。

此时，邓子龙驾战舰在敌阵中左突右冲，斩获不少。可天有不测风云，他身边一艘友船不知道如何瞄准的，突然丢了一个火罐过来，船上霎时间燃起大火，篷樯俱着，烈焰熊熊。日军趁机围攻，纷纷跳上邓子龙座舰，双方在起火的甲板上拼死搏杀。邓子龙虽英勇，但也架不住敌人众多，最终与亲兵们力战而死，首级也被割去。

朝鲜军见邓子龙的船被焚，误相指认道：“贼船又起火了！”无不激励争先。这时，朝鲜庆尚右水使李纯信的先锋船又烧毁日舰 10 余艘，朝鲜军士气更盛。可陈璘却知道起火的乃是邓子龙的战舰，急忙派遣副将陈蚕增援，但为时已晚。据说当初领兵渡海时，有一物触及邓子龙所乘之船。将其捞取上来一看，原来是一段沉香木，俨如人头。邓子龙把玩良久，爱不释手，令人收藏。此战过后，其家人寻他头颅不得，只得载尸而归，拿出这段沉香木雕成邓子龙首级模样，简直栩栩如生。大概这沉香木有灵，心甘情愿地代替英雄之首吧！战后，朝鲜王李昖亲临邓子龙的灵柩前祭奠，并将他立庙海口，岁时致祭。

邓子龙阵亡之际，陈璘与李舜臣尚在苦战之中。日舰上大炮虽少，但铁炮手众多，弹丸如泼水一般射来，海面上枪弹乱飞。忽然，一颗流弹正中李舜臣胸部，一时间血流如注。他一旁的儿子李皋与侄子李莞大惊，急忙和左右护卫将他扶入帐中。李舜臣忍着剧痛，将令旗交给李莞道："战方急，勿言我死，切莫惊乱军心。"言罢气绝身亡。李莞跟着李舜臣历练多时，虽然心中悲痛，但没有慌乱。他隐瞒下李舜臣的死讯，用防牌蔽住他的遗体，吹号角麾旗督战。李舜臣的阵亡堪比英国海军名将纳尔逊阵亡于特拉法尔加海战，无论对朝鲜还是明朝，都是莫大的损失。

明、朝联军主帅身先士卒，血染沙场，他们麾下诸军又怎能不拼死杀敌呢？明军把总沈理奋力而前，火器齐发，当阵斩获 130 余个首级。明军千总李天常也斩获甚多，并救回被掳民众 300 多人。朝鲜军柳珩、宋希立都被铁炮弹丸击中，裹创再战，奋不顾身。明、朝联军的气势完全压倒了日军，最终日军水军斗志全消，亡命奔窜。大海上起火、沉没之日舰无数，焚、溺死者不下万余人。岛津义弘在部下的拼死保护下避入巨济，最后仅率着 50 余只残舰狼狈逃回。

一场辉煌的胜利已经到来，陈璘心中欣喜不已。他正准备指挥全军追击逃窜的日军，却突然看到李舜臣座舰上居然有士卒在争抢日军的首级，心中不由一沉。李舜臣平素治军严谨，怎么可能任由麾下士卒如此乱糟糟地不成队列？他不由自语道："统制不会有事了吧？"急遣人到李舜臣处探问。那人回来时，果然报称李舜臣已死。话音未落，陈璘坐倒在地，悲痛万分，大叫道："我是让你活着来救我，怎么能死呢！"当时便捶胸顿足，放声大哭。陈璘此时真情流露，可见他与李舜臣在血与火的战场上结成的兄弟情谊，绝非什么官场迎送的虚情假意，更非李舜臣低声下气地讨好陈璘所能有的。英雄与英雄之间有的只能是对对方才能、勇气和为人的彼此认同，齐心协力才能创造这战争史上的经典一战。

露梁海战又称"南海大战"，是明、朝联军与日本侵朝军之间的最后一场大战，也是世界古代史上著名的一次海战。此役，明、朝联军共焚毁日军舰船 200 余艘，掳获 100 余艘，斩获首级 500 余个，生擒日军 180 余名，日军焚、溺致死者不计其数。战争中，岛津义弘部水军主力几乎悉数被歼，立花

日本舰队的覆灭（浮世绘）

宗茂、宗义智等部损失逾半，数名日将被俘。明、朝联军方面，阵亡副总兵邓子龙、朝鲜统制使李舜臣，副将陈蚕、中军陶明宰也不屈而死。胜利极为辉煌，但损失也极为惨重，尤其是李舜臣阵亡的损失，是多少日军的头颅也换不来的。

两代“日不落帝国”的断杀：英西大海战

1588年5月底，英国的伊丽莎白女王将目光投向了英国西南部的一条长达一千多千米的海岸线。这条海岸线从萨默塞特地区的迈恩黑德开始，一直到达多塞特郡的普尔港湾附近。它有着优美的风光，还有一条被后世联合国教科文组织认定为世界遗产保护地的侏罗纪海岸。不过，此时的伊丽莎白并无心关注这些美好的景色，而是忧心忡忡，因为一支号称“史上最强”的庞大舰队正驶向此处，它们的目标就是英国……

英国伊丽莎白一世女王

众所周知，英国曾经被称为“日不落帝国”，但却很少人知道，西班牙帝国才是人类历史上的第一个“日不落帝国”。16世纪至17世纪的西班牙处于黄金时期，是欧洲无可争议的霸主，缔造了被后世称为“西班牙治下的和平”时代。当时西班牙国王卡洛斯一世（亦即神圣罗马帝国皇帝卡尔五世）号称：“在朕的领土上，太阳永不落下。”由此西班牙帝国便获得了一个“日不落帝国”的头衔，这个头衔对于当时的西班牙帝国可谓实至名归。在那时，西班牙帝国由于大航海时代带来的地理大发现，四处殖民扩张，殖民了美洲大片领土，西班牙王室与欧洲各王室联姻，取得了大片领地的继承权。卡洛斯一世时期，西班牙王位和神圣罗马帝国皇位合二为一，使西班牙在欧洲的影响力迅速提高，还兼并了另外一个海权帝国——葡萄牙帝国，并因此获得了大量殖民地，将半个亚平宁半岛、整个伊比利亚半岛和中、南美洲大部分地区据为己有，还包括亚洲的菲律宾群岛。当时，世界大片地区笼罩在西班牙帝国的威势之下，而英国国内却处于一片混乱，连海权是什么滋味都没能尝到……

原本英国与西班牙并无太大的矛盾，但到了亨利八世这一代，情况开始发生改变。亨利八世原先的妻子是他哥哥的遗孀，也就是他的嫂子西班牙公主阿拉贡的凯瑟琳。阿拉贡的凯瑟琳与西班牙皇室一样，对罗马天主教极为虔诚，亨利八世与之生活了20年之久，却只生下一个女儿，名叫玛丽。无子的亨利八世思想非常封建，他不愿意看到继承王位的是一个女人，即便她是自己的女儿，因此萌发了换妻另娶的想法。在天主教的教义下，婚姻只能一夫一妻，只有这样的婚姻才被称为合法婚姻，生下的子嗣才能称为婚生子；而与情妇生下的子嗣再多，也只是私生子，私生子是完全没有继承权的。因此，亨利八世便希望通过罗马教皇来解除自己与阿拉贡的凯瑟琳的婚姻，这样他就可以另外娶一个能为自己生儿子的女人。一开始，亨利八世还想通过罗马教皇来证明他与阿拉贡的凯瑟琳的婚姻不合法，但却被教皇所拒绝。因为亨利八世比任何人都更想要一个儿子来继承自己的王位，对教皇不肯帮忙极为愤怒，最终导致他与罗马教廷彻底决裂。亨利八世组建了英国圣公会与罗马教廷分庭抗礼，使英国成为基督新教国家并给马丁·路德的宗教改革创造了条件。最讽刺的是，这位亨利八世在1521年曾经撰文攻击马丁·路德，支持罗马教廷。当时，罗马教皇利奥十世因此功绩赐封亨利八世“信仰的守护者”这一正式头衔。结果为了再娶妻子，这位“守护者”就与罗马教廷恩断义绝，这信仰在现实面前，显得多么廉价。

亨利八世的所作所为实际上都是为了给自己与新任妻子安妮·博林创造条件，为此还杀光了所有反对此事的英国天主教徒。成为英国圣公会首脑的亨利八世如愿以偿地同安妮·博林结了婚，但即便如此，他还是没能得到儿子。安妮·博林最终也同阿拉贡的凯瑟琳一样，只生下了一个女儿，取名为伊丽莎白。

亨利八世画像

大失所望的亨利八世再次打起了换妻的主意。这个亨利八世称得上是薄情寡义至极，他为了甩掉阿拉贡的凯瑟琳，不惜与罗马教廷决裂；而为了再次换妻，不惜处死当初死活要娶的安妮·博林，然后火速与一直侍奉其左右的简·摩西结婚。也不知道这位简·摩西结婚时心里到底是欢喜还是恐惧，如果未能给亨利八世生下子嗣，这位简·摩西会不会再步安妮·博林的后尘呢？当然历史没有如果，就在结婚之后，亨利八世公然对外界宣布，只有简·摩西生下的子嗣才有继承英国王位的权力，与之前王后所生的女儿，不论是玛丽还是伊丽莎白都属于私生女，无权继承王位。身为一个丈夫、一个父亲的心肠之歹毒，大概能比得上亨利八世的不多。在亨利八世如此殷切的期望之下，简·摩西终于如愿以偿地生下了一个儿子，即爱德华六世。当然，用后世阴谋论的眼光看，简·摩西就算“变”，也得给亨利八世“变”出个儿子，不论这个儿子是不是亨利八世亲生的……不过，当时西方的医学并不发达，简·摩西虽然生下了英国的王位正统继承人，但很快便撒手人寰。对亨利八世而言，简·摩西不过是个生育工具，死了也没什么可惜的。于是亨利八世继续结婚不止，之后又有三名女子曾经登上英国王后的宝座，但都没有生下儿子，这让亨利八世非常失望。

亨利八世年纪越来越大，不可避免地会遇上继承危机。他一共只有三名子女，儿子只有一个，那便是爱德华六世，而女儿则是玛丽一世和伊丽莎白一世。这样的形势就非常糟糕了，如果他还是坚持两个女儿无继承权的话，一旦自己的幼子有任何闪失，王位就可能旁落，这在欧洲可以说屡见不鲜。因此，他在晚年又恢复了两个女儿的继承权，不过依然将她们视为私生女。

亨利八世去世之后，根据继承法则，爱德华六世便顺理成章地继承了英国王位。但这位爱德华六世才 9 岁，如果按照中国的说法，正是主少国疑的时候，更何况这位国王的生母早已去世，无法为这位年幼的国王遮风挡雨。虽然当时秉承国政的是其舅父萨默塞特公爵爱德华·西摩，但他的身份毕竟只是舅父，其人野心勃勃。爱德华·西摩不但希望爱德华六世和萨福克公爵亨利·格雷之女、亨利八世的曾孙女简·格雷结婚，还想勾引伊丽莎白公主，以求获得权力。但最终，他在 1549 年以谋反罪的罪名被处死，这就是所谓的“西摩事件”。爱德华·西摩实在不是一个搞政治的“材料”，当他被处死之后，年幼的国王也在短短 6 年之后便由于身体病弱而撒手人寰。至此，亨利八世之前的所作所为可以说全部鸡飞蛋打，最终王位回归至他的女儿手中。

少年早逝的爱德华六世

当爱德华六世知道自己将不久于世之后，曾与议会拟定了一个继承法案，认定继承者为差点与其结婚的简·格雷，而将同父异母的两个姐姐玛丽一世和伊丽莎白一世都排除在外。实际上，爱德华六世的这一决定与当时独揽大权，逮捕并处死国王舅父萨默塞特公爵爱德华·西摩的沃里克伯爵约翰·达德利有极大关系。因为这位简·格雷未能与爱德华六世结婚，而是与约翰·达德利的儿子吉尔福德结婚，因此，爱德华六世最后出台的法案实在显得阴谋味道浓厚。

简·格雷的上台显然不符合英国国内大多数贵族的认知。在 1547 年 11 月，爱德华六世主持的第一届议会开幕，当时通过的一项重要的法令便是“企图改变亨利八世遗嘱中所规定的王位继承顺序则为叛逆罪”，而亨利八世规定的王位继承顺序是以爱德华六世为先，紧接着为玛丽一世与伊丽莎白一世。爱德华六世在弥留之际更改继承法，遭到了国内大众的反对。因此在爱德华六世去世之后，获得王位的简·格雷只当了 9 天英国女王，便被支持玛丽一世登基的诺福克公爵托马斯·霍华德赶下台，并被幽禁在伦敦塔。约翰·达德利则被处死。

严格来说，玛丽一世是英国历史上的首位女王。她在位之际，英国与西班牙的关系应该说非常不错，因为她既是西班牙公主之女，又信仰天主教，还与一位西班牙王子结了婚。这位王子就是日后的西班牙国王腓力二世，因此，这位腓力二世还因此婚约自动获得了“英国国王”的称号。

由于玛丽一世的信仰问题，英国并未像西班牙或葡萄牙那样，向全世界推行殖民运动，而是开始了对其父亲创立的英国新教的血腥镇压。她不但杀害了英国圣公会的主教，还烧死了大约 300 名所谓“异端者”，此后依然不断对新教教徒展开迫害，由此玛丽一世被英国人称为“血腥玛丽”。

绰号“血腥玛丽”的英国玛丽一世女王画像

一般能够爬上权力巅峰的女人，心狠手辣是必须具备的性格特征之一。如果玛丽一世可以长时间统治英国，也许后世的大英帝国就不复存在了。可玛丽一世继承王位时已经 37 岁，又无儿无女，无法延续自己的天主教信仰。而她的丈夫腓力二世结婚不久便回到了西班牙，只剩下玛丽一世面对国内的各种敌对势力。这样的女人，其实也是很可怜的，她在幼年就体弱多病，不但眼睛有问题，鼻窦也患病，还经常头疼。一开始，亨利八世还挺疼爱玛丽一世，为她与法国王太子也就是法国国王弗朗索瓦一世的儿子订婚。但三年后，婚约宣告无效。之后，又帮她与神圣罗马帝国皇帝查理五世缔结婚约，但这次婚约后来也被取消。有趣的是，查理五世的儿子腓力二世最终娶了玛丽一世，这大概是欧洲历史上经常出现的趣事。当时，由于阿拉贡的凯瑟琳不愿意与亨利八世离婚，导致双方关系越来越恶劣，以至于凯瑟琳王后被驱逐出宫，之后被囚禁在一个下等庄园内，缠绵病榻。而玛丽一世便成了私生女，甚至还被迫成为同父异母的妹妹伊丽莎白一世的女侍官。亨利八世无情的做法自然让玛丽一世愤恨不已，她与父亲的关系极为恶劣，以至于被剥夺了一切称号，所订下的亲事也被取消，最终连母亲的葬礼都不被允许参加。

对玛丽一世来说，无法对父亲复仇的她只能将怒火发泄到父亲创立的英国圣公会身上。她杀害那些新教教徒，与其说是宗教迫害，不如说是她向父亲的复仇吧。那个敢于宣布她父母的婚姻无效、她本人为私生女的英国圣公会大主教，便是死于玛丽一世的报复。连此人宣布放弃新教信仰，回归天主教信仰都未能被赦免，可见玛丽一世的仇恨有多深。不过天不假年，玛丽一世秉持国政不过 5 年就身患癌症，最终去世。她无儿无女，只能接受仇人的女儿，也就是自己的妹妹伊丽莎白一世坐上英国国王的宝座。

伊丽莎白一世与玛丽一世一样，从小有着不幸的遭遇，她的母亲是亨利八世的第二任王后，却因为无法生出儿子而被亨利八世处死。之后，伊丽莎白一世也被亨利八世列为私生女，一度失去了继承权。当然，伊丽莎白一世也不简单，爱德华六世的舅父据说与其勾勾搭搭，而国内新教教徒也以她的名义发动叛乱。托马斯·怀逸以拥立伊丽莎白之名，率领军队从肯特郡出发，一直到伦敦才被打败。只当了 9 天国王的简·格雷的父亲，则坚称其女儿才是合法的英格兰女王。最终成功镇压暴动的玛丽一世处死了简·格雷的父亲、丈夫及她本人。伊丽莎白一世矢口否认参与了叛乱，被囚禁于伦敦塔两个月，放出后再次被软禁。直到玛丽一世女王去世，她才成功摆脱了囚徒的处境。

1559 年 1 月 15 日那天，伊丽莎白一世在威斯敏斯特大教堂完成了英国国王的加冕仪式。成为伊丽莎白一世女王之后，她终于开始执掌英国的权柄。伊丽莎白一世 2 岁多时，母亲就因为莫须有的通奸罪被自己的父亲下令斩首。作为女儿身的她直接从公主变成了私生女，后来与玛丽一世一样，成为了弟弟爱德华六世的女官，人生可以说一开始就从巅峰跌入到了地狱。如果换了其他人，也许性格会如同她的姐姐玛丽一般变得极为扭曲。但伊丽莎白一世并非如此，她显得聪慧而隐忍。她不但精通六国语言，还是一个非常虔诚的

英国最著名的教堂——威斯敏斯特大教堂

英国新教教徒。但伊丽莎白一世并不敌视天主教会，而是从中不断折中调解，让两个教会的矛盾不断淡化，从而使父亲亨利八世建立的英国圣公会与姐姐玛丽一世复辟的天主教会在英国达成一定程度的和谐，由此让自己的统治稳固起来。这也使得英国这样一个岛国开始走向世界，并有能力与别国争夺海洋的霸权。

众所周知，在争夺海洋的道路上，英国是一个后来者。从大航海时代起，西方拥抱海洋的先行者是西班牙与葡萄牙，这两个国家因此拥有了大量海外殖民地。西班牙帝国也由此成为第一个“日不落帝国”，被视为当时的海洋霸主。那时，西班牙帝国有庞大的舰队，每年都从海外殖民地运回大量贵金属，如黄金、白银等。而英国虽然是个岛国，但由于长时间的内耗，完全没有把精力放在开拓海洋上，因此英国的皇家海军不过由一些简陋的小船组成，在世界上完全没有竞争力。

对英国当时的状况，伊丽莎白一世显然并不满意。她没有像姐姐玛丽一世那样与西班牙联姻，而是终身不嫁，为此，她可以专注与西班牙争夺海洋霸权。不过，开拓海洋需要大量的金钱，毕竟一艘艘巨舰无法凭空变出来，只凭英国国库那点钱，完全无法和西班牙竞争，更别说建成一支强大的海军了。

正所谓“穷则变，变则通”。既然英国靠中规中矩的发展可能永远也无法与西班牙抗衡，那么就另辟蹊径来“弯道超车”吧。伊丽莎白一世于是将脑筋动到了海盗身上。英国人没钱组建海军，但西班牙人很有钱，要想来钱，那就组织海盗抢西班牙人，这就是伊丽莎白一世争夺海洋霸权的思路。于是，弗朗西斯·德雷克便成了伊丽莎白一世特别资助的海洋争霸代理人。

英国海洋争霸的先驱者弗朗西斯·德雷克爵士

德雷克原本并非海盗，而是主要以做贸易为主。他与表兄约翰·霍金斯一起，率领5艘商船去墨西哥进行远洋贸易。但不幸的是，他们遭遇了风暴，只得在西属港口维拉克鲁斯抛锚休整。不过由于西班牙与英国的矛盾，德雷克兄弟并未进入港口，而是占领了港口外的抛锚处所圣胡安·德·乌略亚岛。但第二天，一支由13艘舰船组成的西班牙反走私武装舰队也进入该港，霍金斯感觉大事不妙，试图与西班牙舰队司令官商谈以便修整船只，但没有成效。第三天，西班牙人突然向英船发起炮击，同时在岸上的英国水手也遭到袭击和屠杀，死伤及失踪人员不下300人。

霍金斯的船队中有3艘船被击沉或遭捕获，其余2艘分别由他和德雷克指挥，在即将沉没的状态下终于于1569年1月先后返抵英国。在他们回国之前，驻英国的热那亚银行家斯皮诺拉已从西班牙方面获悉霍金斯船队遇袭的消息，当即转告英国政府，一时舆论大哗。恰好一支运送财宝的西班牙船队，为了躲避法国胡格诺派新教武装的追捕，逃至英国港口避难。英国女王伊丽莎白一世当即下令夺取了这支西班牙船队的财宝。至此，都铎王朝与西班牙帝国的关系由昔日的姻亲逐渐滑向了对立的深渊。

作为英西两国海洋争霸见证者的德雷克，也的确是个人物。他的船队被西班牙人袭击，损失惨重。他不但没有一蹶不振，反而回到英国重新招募船员，率船再次杀入西班牙境内。德雷克在一个月内，不但抢夺了大量的黄金，更抢到了数艘西班牙大帆船，可谓收获满满。德雷克对西班牙的沉重打击，让伊丽莎白一世非常重视，并将他奉为英国的英雄。德雷克的海盗行为证明：西班牙在海上的实力虽然强大，但依然有弱点可以打击。因此，伊丽莎白一世后来甚至暗地里支持英国海盗在海外劫掠，这些英国海盗的主要目标便是西班牙以及其后来的附庸葡萄牙的商船。

获得官方支持的德雷克可以说变本加厉，他不断率领英国海盗对西班牙商船进行大肆劫掠，还不断对海洋进行探索，终于发现了一片新的海域，那便是最终以德雷克的名字命名的德雷克海峡。在 1579 年，德雷克还率领船队穿越太平洋，来到马里亚纳群岛，之后从另外一侧返回英国，成功完成自麦哲伦之后的人类第二次环球航行。这次环球航行不仅是一次航海冒险，德雷克从此次航行中还带回了大量黄金、白银，并为整个英国开辟了新航线。由于德雷克的贡献，英国的航海事业得到了真正的发展，他证明了西班牙帝国只不过是探索大洋的先行者，而远非霸主。

伊丽莎白一世册封德雷克的场景

鉴于德雷克对英国的贡献，女王伊丽莎白一世不但亲自迎接其返航，甚至直接授予其爵士的爵位。一国元首公然为一个海盗赐予爵位，这在其他国家显然是难以想象的。这样的行为表明伊丽莎白一世坚定了用海盗来挑战西班牙的策略，公开显示英国人已经加入挑战西班牙海洋霸权的行列。作为一个拥有海洋霸权的大帝国，居然屡次被没有什么海上实力的英国海盗挑衅，这让西班牙帝国忍无可忍。于是，西班牙国王腓力二世决定在另外一个地方狠狠地教训“不知好歹”的英国人。

众所周知，英国号称“英伦三岛”，在当时主要由英格兰、苏格兰以及爱尔兰三大部分组成。① 但苏格兰和爱尔兰一直有很强的离心力，尤其是苏格兰人，与英格兰打了上千年仗，独立运动从来没有停止过。西班牙国王腓力二世也想在这上面做文章，狠狠打击一下英国，于是积极联络前苏格兰女王玛丽·斯图亚特。

苏格兰女王玛丽·斯图亚特画像

玛丽·斯图亚特是“血腥玛丽”与伊丽莎白一世姑姑家的女儿，也就是她们的表姐妹，亨利八世的亲妹妹玛丽·德·吉斯是她的母亲。玛丽·德·吉斯嫁给了苏格兰国王詹姆斯五世，因此玛丽·斯图亚特最终便继承了苏格兰国王之位，成为苏格兰女王。

成为女王的玛丽·斯图亚特嫁给了法国王子，丈夫却不幸早逝，之后她便从法国返回苏格兰亲政。但因其是一个虔诚的天主教徒，与苏格兰贵族主流的新教信仰相悖，所以广受抨击，最终在1567年被废黜。

在当时的欧洲，宗教信仰可不是一件开玩笑的事情，甚至会引发战争。因此，玛丽·斯图亚特为了躲避苏格兰的宗教迫害，只能逃到英格兰避风头，后被伊丽莎白一世囚禁起来。西班牙国王腓力二世认为，玛丽·斯图亚特这样一个虔诚的天主教信徒颇有利用价值。因此，他联络英国境内反对伊丽莎白一世的天主教势力后，对玛丽·斯图亚特做出了承诺。那便是：一旦推翻了伊丽莎白一世女王，便可以由她登基，成为英国国王。如此巨大的诱惑让玛丽·斯图亚特不禁心动，决定与腓力二世合作，一起除掉伊丽莎白一世。

可伊丽莎白一世是个宫廷斗争的行家，她在姐姐玛丽一世女王的监视下熬到了最后，又怎能对这些预谋造反的家伙毫无防备？因此，玛丽·斯图亚

① 关于“英伦三岛”的含义及出处来源，争议较多。此处的划分说法，是将威尔士视为英格兰的一部分。——编者注

特与英国天主教会的阴谋破产了。英国天主教会势力策划了一场暴动，试图将玛丽·斯图亚特营救出来，然后打着她的旗号掀起更大的暴乱，最终推翻伊丽莎白一世。

伊丽莎白一世从小就出身于波谲云诡的英国宫廷，从公主被打成私生女，甚至变成女仆，最终登上王位，可以说从头到脚都流淌着“政治动物”的鲜血。面对这样的局势，伊丽莎白一世毫不手软，直接用“叛逆”的罪名将被囚禁的玛丽·斯图亚特斩首，消灭了乱党的旗帜性人物。

英国国内的乱象让腓力二世找到了借口，玛丽·斯图亚特的死更是让天主教徒们怒火冲天。于是，罗马教皇立刻发布诏书，号召所有天主教徒联合起来，向英国发动进攻。这让以天主教保护者自居的腓力二世找到了下手的机会，他立刻动员西班牙的舰队向英国进攻。应该说，腓力二世是一个很有远见的君主，他认为如果不能一次打垮英国，西班牙的海上霸权就会被英国海盗这样零敲碎打地夺走。因此，他将最好的武器装备都配发到舰队，意图先发制人，将英国彻底击败。

西班牙国王腓力二世的画像

经过一番精心准备之后，西班牙国王腓力二世于1588年5月底，出动了一支庞大的舰队朝着英国进发。这支舰队由134艘舰船与8000多名水手、2万多名步兵以及2000名桨手组成，他们从葡萄牙的里斯本出发，进攻英国。这支舰队绝大部分战舰的排水量都超过了200吨，甚至有62艘战舰排水量超过500吨！海上实力是如此强悍，因此腓力二世将其命名为“无敌舰队”（字面意思是“伟大而幸运的舰队”）。

作为海洋霸主，西班牙人却犯下了一个极为低级的错误。对海洋，西班牙人应该是非常熟悉的，但在进攻英国的时候，还是用陆战的思维考虑问题，

西班牙“无敌舰队”

而对海洋的水文气候毫无预测。于是，这支舰队出航之后便在大西洋海面上遇到了风暴。在当时的条件下，虽然西班牙帝国拥有全欧洲最好的舰船，也依然无法对抗自然的威力，因此只能返港躲避。因为天气原因，西班牙发动的这场先发制人的闪电战流产了。在西班牙海军在港口躲避风暴之际，伊丽莎白一世拼命组织英国海军备战。

就在西班牙舰队躲避风暴之际，得知这个情况的德雷克立即提议突袭科卢那港。他的建议得到了霍金斯等人的支持，于是，英国舰队司令查理·霍华德下令出海。英国舰队穿过比斯开湾，一直前进到距离西班牙海岸100海里的地方。海面突然风平浪静，无法借助风力的英国舰队于是动弹不得。几天以后，风向转为西南，给养将尽的英国舰队只好掉头返回。

虽然英国的突袭亦未成功，但在全力备战之下，仅经过一个多月的准备，原本只是一支治安军的英国海军得到了极大扩充。在伊丽莎白一世任命的总指挥——霍华德勋爵的努力下，英国海军的规模就像吹气球一般膨胀起来，短时间内扩充到197艘战舰，从数量上超过了西班牙远征舰队。霍华德勋爵还对这些战舰进行了精心改装，使得它们无论在机动性还是在操控性方面，都比西班牙战舰来得强。这使得海上的优势开始向英国方面倾斜。

在风暴结束后，西班牙舰队经过调整，再次向英国海域进发。但腓力二世显然没有学过中国历史，否则他就应该知道“百里而趣利者蹶上将”。西班牙远征舰队航行了两个月才抵达目标区附近，而对手又以逸待劳，而且更加熟知附近海情，这样的战争可以说还没打就已经输掉一半了。

7 月 29 日，西班牙舰队好不容易航行至英国西南海岸附近。两国之间的正面海战一触即发。得到消息的英国舰队赶忙顶着逆风从港口出击，但此时西班牙舰队已经出现在普利茅斯港外。如果西班牙人能够抓住这一有利的战机，那么等待英国舰队的将是一场关门打狗似的屠杀。

西班牙帝国依靠强悍的陆军无敌于欧洲，而其海军一直是陆军的“附属”

但是，西班牙舰队司令梅迪纳－西多尼亚公爵却刻板地遵守自己出发时收到的指令，指挥着整个舰队浩浩荡荡地沿着英吉利海峡向西驶去。他试图与从荷兰出发的、由帕尔马公爵指挥的一支西班牙陆军在加来附近会合，再调头袭击英国海岸。可以说，尽管一度掌握着地中海和大西洋的制海权，但在西班牙人的理念中，海军依旧是陆军的“附属”。正是这种过时的海权观念，最终导致其与胜利失之交臂。看过《三国演义》的人都知道诸葛亮的一句名言：“为将而不通天文，不识地理，不知奇门，不晓阴阳，不看阵图，不明兵势，是庸才也。”显然，西班牙舰队的司令就是这么一号人物：劳师远征不算，遇到有利时机也无法把握，打仗死板、机械。有这样的指挥官，又怎能赢得战争呢?

到了第二天早上，向西航行的西班牙舰队才与追赶而来的英国舰队交战。这天的风向却并不利于西班牙舰队，反而对英国舰队非常有利。英国人的舰船吨位远小于西班牙舰船，因此载人也少很多。英国舰队中最强大的“凯旋”号上，只乘载了160名士兵，而德雷克的“复仇”号上，也只有76名士兵，打接舷战毫无优势，只能不断利用舰炮射程上的优势削弱对手。而西班牙战舰却是老式的双排桨大帆船，吨位极大，而且战术依然以近距离接舷战为主。因此，西班牙战舰被轻便灵活的英国快船在远距离狂轰，陷入了追不上、逃不走的窘境。在几个小时的激战中，西班牙官兵死伤惨重，有数艘舰船被大炮击中而起火。西班牙舰队司令西多尼亚公爵这才反应过来，连忙下令脱离战场。可请神容易送神难，英国舰队尾随西班牙舰队猛攻，追了整整一天。

到了第二天，形势有些逆转，风向开始有利于西班牙舰队。西多尼亚公爵没再丧失机会，他命令西班牙舰队在最短的时间内向英国舰队中最强大的“凯旋”号发动猛攻。英国人逆风作战，不再有速度上的优势，而西班牙舰队则可以使用射程稍近的重炮猛轰英国舰船，后者的射程优势却无法发挥。一番激战后，英国的“凯旋”号受到重创，西班牙舰队总算扳回一局。

战事进入第三天，西班牙舰队与英国舰队不约而同地选择了休战，双方和平地度过了一天。但和平是短暂的，到了第四天，双方再次投入激战，大战一天并未取得什么像样的战果，但双方的炮弹却消耗殆尽。所谓一场战争，主要打的就是后勤，由于英国舰队坚定地运用远距离炮击战术，使西班牙人无法进行他们惯用的接舷战，因此西班牙舰队只得再次撤出战斗，继续驶往加来。而英国舰队则在霍华德的命令下驶回了多佛尔港。对英国人来说，他们是内线作战，因此很容易获得充足的补给。英国的后勤部队很快向多佛尔港运来了大量给养；此外，多佛尔港周边的英国港口也纷纷送来各类战斗物资，让英国舰队没有后顾之忧。但停靠在加来港的西班牙远征舰队就倒了霉：加来不是西班牙人的本土，因此想像英国人那样源源不断地获得补给是不可能的。储备不足的西班牙舰队只能被动挨打，战局渐渐朝英国方面倾斜。

西班牙舰队司令梅迪纳－西多尼亚公爵派出信使向帕尔马公爵求援，希望后者能尽快赶来，但此时西班牙陆军由于受到荷兰的牵制，根本无法按期抵达。

由于缺乏可供大型战舰停泊的深水港，西班牙舰队只能在港外抛锚。英国舰队显然不会放过这一有利的战机，于 8 月 7 日傍晚发动了突袭。英军准备了 8 艘老旧的武装帆船，在船舱里塞满易燃物品，桅杆和风帆上都涂了柏油，火炮装填弹药并安上引信，着火后能自动发射。入夜，一些勇士驾着这些船只，乘着强劲的西南风急速冲向“无敌舰队”。接近西班牙快艇警戒线时，他们在船上四处点火，然后跳上小艇逃生。

被火船袭击的西班牙战舰

西多尼亚并没有料到英国人会用火船发动袭击，部署的快艇拦截起来力不从心。8 艘英国火船中，有 6 艘成功突破警戒线，像 6 条火龙一般冲向西班牙舰队。事实上，这些火船并没能造成实质性威胁，因为风向的转变使它们偏离预定的冲击方向，最后都在海滩上搁浅烧毁。但西班牙人看见火船冲了过来，立刻惊慌失措，纷纷砍断锚索起航逃生，本来井然有序的阵列乱成一团。弹药紧缺的西班牙舰队根本无力抵挡随后杀到的英国舰船，只能用小型舰炮和滑膛枪抵抗，如同勒班陀海战中土耳其海军用弓箭来抵御西班牙人的火器一样。此战“无敌舰队”被击沉、俘虏 16 艘战舰，而英舰无一损失。激战持续了 8 个小时，占尽优势的英国舰队最终也面临和对手同样的困境——他们的弹药用完了。

西班牙“无敌舰队”尽管受到频繁的攻击，损失较大，但仍然能够编成井然有序的阵列，使霍华德为首的英国舰队指挥官们叹为观止。西班牙舰队司令梅迪纳－西多尼亚公爵身先士卒冲锋在前，而且亲自压阵，这种崇高而勇敢的指挥作风，更令英国人敬佩不已。目送西班牙人夺路而逃的查理·霍华德不无感慨地写道：“他们的舰队浩浩荡荡，气势汹汹，而我们终于把他们的羽毛一根接一根地拔下来了。”

事实上，“无敌舰队”所受的损失要比霍华德和德雷克所估计的惨重得多。“无敌舰队”的主力——60艘“加里昂”型战舰差不多全都进水，帆桁和索具丧失殆尽，甲板上乱七八糟地堆满了上层构筑物的破片，船员伤亡惨重。当然，真正摧毁“无敌舰队”的并非英国海军的舰炮，而是西班牙人所不熟悉的高纬度海域以及其糟糕的战备情况。在绕行整个不列颠群岛重返大西洋的航路途中，西班牙人损失了将近一半的舰艇和兵员。

最严重的问题是粮食和淡水奇缺。新鲜食物早已荡然无存，为数不多的饼干也已发霉变质，腌鱼和腌肉长满了蛆虫，根本不能食用。尽管在拉科鲁尼亚载满了足够3个月饮用的淡水，但因大多数木桶漏水，最后只剩下桶底黏糊糊、臭烘烘的绿色液体。由于去年在圣维森特角附近，大批风干桶材被德雷克烧毁，所以才导致“无敌舰队”受到如此致命的打击。根据各船队的报告，即使实行最严格的用水控制，也不敷一个月的需求了。

梅迪纳－西多尼亚公爵命令西班牙舰队绕过苏格兰北端，然后沿爱尔兰西岸南下返回拉科鲁尼亚港。他同时提醒各船注意，在沿爱尔兰西岸航行时不要太靠近海岸。为了节约用水，西班牙人不得不把大批经历了漫长航海旅程的骡马推进大海中；全体船员不论地位高低，不分身份贵贱，均一视同仁，每天配给230克饼干，0.5公升清水和0.3公升酒类。即便如此，还是有诸多战舰为了寻觅水源而选择向爱尔兰沿岸进发。

驶往爱尔兰西岸的西班牙舰船既无领航员又无海图，有的船连锚都没有；多数船员身患重病，根本不能操帆行船，只好随波逐流。一旦触礁或搁浅，船只就不能动弹，或任由狂风吹刮，与悬崖峭壁相撞，粉身碎骨。其中幸存的“吉罗纳”号战舰挽救了大批遇难者，在狭窄的船舱内竟然塞进了1200多人。但此时该舰船舵又发生故障，在强风肆虐下，终于在爱尔兰北部触礁沉没，无数贵族子弟被溺死。当腓力二世得知他的年轻爱将德·雷瓦在船上遇难后，如丧考妣，简直比“无敌舰队”全军覆没还要令他悲伤。

数千名西班牙船员在爱尔兰沿岸溺水而死，死里逃生、安全上岸的人们的命运也十分凄惨。他们上岸后已精疲力竭，饥寒交迫的幸存者迈着艰难的步履流窜在荒凉的原野上，其中大多数人被英格兰骑兵追杀。被俘的贵族们愿出巨额金钱乞求赎身留命，但英格兰驻爱尔兰代理总督菲茨·威廉毫不留情，残忍地将他们一律处死。因为威廉手下的士兵不足2000人，他深恐在天主教势力根深蒂固的爱尔兰留下众多的西班牙俘虏，将带来潜在的危险，所以做出如此惨无人道的暴行。

虽然当时在欧洲到处流传着爱尔兰人屠杀大批西班牙战俘，并掠夺他们的财物、衣服和武器的谣言，其实许多爱尔兰人非常同情遇难的西班牙人，把他们窝藏起来，赠送食物并协助外逃，因而约有700名西班牙人逃到了苏格兰。在爱尔兰西部戈尔韦一带，至今还居住着同西班牙北部加利西亚人一模一样，长着黑眼睛、黑头发、鹰钩鼻子、面孔黝黑的居民。据说他们就是当时西班牙“无敌舰队”船员的后裔。

从某种角度上来说，“无敌舰队”的悲剧并不是由英国人造成的，而是源于西班牙人糟糕的战备情况和等级森严的管理制度。“他们（西班牙）的士兵负责战斗，军官巡视船队，一如在岸上般自在……炮手无须做任何苦力，只需研习炮术……剩下的水手都由奴隶充当，辛苦劳作，日夜不得停歇……”与之相比，英国主管海军的霍金斯通过增加船员收入来招募更多的人才加入海军，同时也竭力改善着船上的卫生状况，他甚至被认为是吊床的发明者之一，而同期的西班牙水手只能在甲板上酣睡。然而，正是这些小细节，最终掀翻了看似强大的“无敌舰队”。

英国与西班牙的外交代表于萨默塞特府举行会谈

7月30日到达海峡入口的利泽德角时，“无敌舰队”一共拥有68艘大型舰船；9月3日在苏格兰西北海域南下的时候，仍有44艘；历尽千辛万苦返回故国的舰船共计38艘，而且均已遍体鳞伤，千疮百孔。但这点损失对财大气粗的腓力二世来说似乎并不算什么，他甚至自信满满地表示：“应该感谢万能的上帝，教我重新组建新的舰队，进行新的远征。即使江河被堵住了，只要水源不干涸，就不必杞人忧天。”

英西大海战可以说是一场以弱胜强的经典海战，原本处于弱势地位的英国，面对不可一世的西班牙“无敌舰队”时，并没有表现出丝毫畏惧与退缩。相反，在与庞大的西班牙舰船交战时，体积小、速度快的英国舰船充分利用自身的优势，沉重打击了西班牙舰队。这场大海战开启了海军大量运用舰炮交战的先河。

英西大海战的结果自然是英国人获得最终的胜利，西班牙虽损失惨重但并未一蹶不振。在失去制海权的情况下，西班牙人调整了其横跨大西洋的海上运输方式，大批200吨的小型武装商船取代了过去大而无当的西班牙运宝船。面对这种航速和火力均不弱于自己的对手，英国的私掠船主们显得很不适应。这使得英国人虽然赢得了战争却很难将其变成实在的“红利”。

当时，传统的英国贵族阶层更热衷于攻城略地，为此英国舰队频繁地冲入加勒比海和墨西哥湾，希望能在西班牙的西印度群岛殖民圈内打入一个楔子，但这种远程突击对羽翼未丰的英国海军而言往往得不偿失。1595年，约翰·霍金斯和弗朗西斯·德雷克这对表兄弟再度联袂出击，率领27艘战舰冲向波多黎各，但是西班牙人早有准备，未让英国人占得便宜。在进攻失利的情况下，这两位英国海军的开山祖师，终因郁闷而双双病死于自己的战舰上。西班牙帝国的海上实力在1589年便逐渐恢复，并且依然强大。当然，英西大海战的获胜极大地提升了英国在欧洲的地位，尤其是海权地位，也最终奠定了英国成为海洋霸主的基础。当“无敌舰队”战败的消息传到那些对西班牙帝国统治不满的反抗者耳中时，他们变得更有自信，更敢于与西班牙军队作战，甚至可以击败他们。荷兰共和国便是一个典型的例子。此战后，荷兰共和国得到了挽救，腓力二世最终同意他们独立。可以说，英西大海战最终改变了欧洲的格局，成为欧洲历史的转折点之一！

拿破仑野心的终结：特拉法尔加海战

在英国的伦敦市中心，可以看到一座著名的广场，它就是特拉法尔加广场。这座广场是伦敦的地标名胜，地理位置适中，周边就是伦敦的闹市区、白厅大街还有英国王宫。每当重要的节日来临，成千上万的伦敦居民便会聚集到特拉法尔加广场通宵达旦地狂欢。即使不相识的男女，也会彼此送上香吻和祝福，场面相当热闹。特拉法尔加广场始建于 1805 年，广场内最突出的标志性建筑便是南端的纳尔逊纪念柱，高达 53 米。这个纪念柱是为了纪念英国著名的海军英雄——霍雷肖·纳尔逊上将，纪念柱顶端便是纳尔逊上将的铜像。它矗立在这座广场上，历经数百年的岁月而始终为英国人所敬仰。

英国伦敦的特拉法尔加广场

特拉法尔加广场之所以如此著名，纳尔逊上将又如此广受英国人爱戴，主要是因为在1805年，当时的欧洲霸主法国与西班牙组建了一支联合舰队，与海上霸主英国争夺海权，并试图进攻英国本土。但拿破仑的企图却被英国皇家海军地中海舰队司令纳尔逊所粉碎。在纳尔逊的指挥下，英国舰队在特拉法尔加与法西联合舰队展开大战，最终以少胜多、打败了法西联合舰队。但不幸的是，纳尔逊上将却战死在大洋之上。

为了纪念纳尔逊的功绩和这场海战的胜利，英国人修建了这座特拉法尔加广场，并在纳尔逊纪念柱台座四周，雕刻了他所经历的四场著名海战的场景浮雕。最富有纪念意义的是，建造者所使用的雕刻材料，是由当时缴获的法军枪炮熔化而得，人们通过这些浮雕，可以更好地回味历史。

特拉法尔加海战，实际上是包含在整个拿破仑战争中的一场著名战役。至于这场海战的起因，还要从拿破仑说起……

法国的一代名将拿破仑

有一句后世人经常调侃法国人的玩笑话，就是法国人只有在女人（圣女贞德）和外国人（拿破仑）的带领下，才会打仗。那么，拿破仑对于法国来说，到底是不是外国人呢？历史在这上面的确给法国人开了很多玩笑。拿破仑·波拿巴于1769年出生于科西嘉岛，因此，他是一个不折不扣的科西嘉人。但科西嘉岛当时却并非法国的固有领土。在1768年之前，科西嘉岛实际上是热那亚的领土，现在也可以称为意大利的领土（当时的意大利尚未统一，而是分为数个公国，热那亚便是其中之一）而科西嘉岛是一个独立运动风起云涌的地方。由于科西嘉人的抵制，最终将热那亚人赶出了科西嘉岛，科西嘉岛上也成立了一个独立政府。可精明的热那亚人很快就将科西嘉岛转让给了法国，于是科西嘉岛人民又开始了轰轰烈烈的反法独立斗争，拿破仑·波拿巴的父亲便是一个著名的科西嘉独立分子，曾经参加过反对法国入侵者的科西嘉保卫战，到了1769年才被迫屈服。从出生年月来算，拿破仑应该算法国人，但实际上，拿破仑父子原本都是不折不扣的科西嘉分离主义者。拿破仑曾经有一句名言：

我永远不能原谅我父亲，当过保利[①]的副官，竟会同意科西嘉并入法国！他应该与保利共命运，随同他倒下。

拿破仑的父亲是科西嘉岛上的贵族，当科西嘉岛并入法国之后，他也随之成为法国的贵族。拿破仑从10岁起，就被父亲送到法国的布里埃纳军校学习军事。在这个军校，拿破仑受到周遭法国同学的孤立与歧视，但拿破仑并未气馁，反而勤奋努力地学习，最终以极为优异的成绩被送到法国皇家陆军学院，就读炮兵学专业，这也是他成为全世界屈指可数的大军事家的起点。

拿破仑一家在法国享受着贵族待遇，但这并不能消磨拿破仑那颗想要独立的心。他一直认为自己是一个科西嘉人，而并非一个法国人，这大概就是“拿破仑是外国人”的笑话由来吧。拿破仑无时无刻不想将科西嘉岛从法国独立出去，因此他如饥似渴地学习军事，并且对古往今来的一切军事历史都深感兴趣。通过勤奋的学习，拿破仑毕业之后便获得了法国国王钦赐的少尉军衔，并进入法军服役。

很快，风起云涌的法国大革命运动不可避免地影响到法军内部。拿破仑此时仿佛看到了机会，因此他潜回科西嘉岛，打算实施心中的科西嘉独立计划。但让他没想到的是，法国王室很快便倒了台，路易十六因为与国外势力勾结而被废黜。吉伦特派掌握了大权后，法国由王国变成共和国。拿破仑在大革命期间，因为率领军队用步炮协同的全新战法攻下保王党的坚固堡垒土伦，而获得了雅各宾派的赏识。在革命派的军官中，像拿破仑这样有能力的实在太少了，因此他很快就被任命为准将。但生性不羁的拿破仑拒绝前往驻意大利的步兵部队服役，因此又被撤销了准将的军衔。不过对拿破仑来说，能力就是最好的名片。革命派在保王党的威胁下，根本没什么靠谱的军官可以拿得出手，最终只能靠拿破仑来对付保王党。拿破仑因此在战争中崭露头角，很快便晋升为陆军中将，兼任巴黎卫戍司令。就是从这时候起，拿破仑

---

① 科西嘉独立运动领袖。——编者注

作为一颗政治和军事上的新星开始广受众人瞩目，渐渐开始了他的从政之路。

法军在拿破仑的指挥下向土伦港发起猛攻

拿破仑的军事才能显然是毋庸置疑的，他可以在实战过程中，巧妙地运用各种各样的军事策略，更擅长集中火炮攻击以及最大化地发挥骑兵的机动性。拿破仑·波拿巴在26岁时便担任了法国驻意大利军团司令，成为革命政府的军方巨头之一。在此期间，他指挥军队多次击退反法同盟联军，并且迫使他们签订停战条约，因此拿破仑的威信极速上升，成了法国共和国的英雄人物。

拿破仑从一个科西嘉独立分子变成为法国东征西讨的军事奇才，实在是法国历史上的一个奇迹。拿破仑在欧洲大陆的纵横捭阖，对英国造成了极大的威胁。众所周知，英国当时有个国策，叫做“大陆均衡政策”，虽说这个政策的正式提出还要很久之后，但英国人一直都是按照这样的思路行事。所谓“大陆均衡政策”的核心理念就是，不让欧洲大陆有哪个国家或者同盟可以称霸欧洲，最好维持均势。因此这个政策决定了英国与法国之间的矛盾是无法调和的，因为在拿破仑的带领下，法国在军事上可以说是从一个胜利走向另一个胜利，很快便称霸了欧洲大陆。而独立在欧陆之外、与法国长期敌对的英国，显然是拿破仑的下一个攻击目标。他开始计划让法国海军越过英吉利海峡，击败英国海军后入侵英国，让法国成为继英国之后的又一个海洋霸主。

对拿破仑来说，陆战是老本行，他在平原和山岳之间的战斗基本屡战屡胜，但他与海洋也缘分不浅。在1793年的土伦战役中，还只是一个炮兵中尉的拿破仑就布置大炮猛轰过英国皇家海军的地中海分舰队，最终也是靠着炮兵的出色发挥，拿破仑最终攻下了这个保王党的大本营，也是法国南方最重要的港口要塞。

除了土伦战役，拿破仑横扫意大利南北的赫赫战功，极大地刺激了巴黎督政府的一干政客。于是在拿破仑与奥地利阵前媾和之后，督政府要求他返回国内，主持对英国本土的进攻。拿破仑深知没有制海权的情况下，远征英国本土无异于自杀，于是提出了远征埃及的反建议。理由是埃及是通往东方的十字路口，控制了埃及将有效地削弱英国在印度洋的势力范围。

拿破仑的计划可谓天马行空。且不说此时的埃及由奥斯曼土耳其帝国的地方军阀控制，远离本土的法国远征军能否讨到便宜暂且不论，仅是英国皇家海军仍掌握着地中海制海权的事实，便足以令拿破仑的远征军葬身鱼腹。但此时的法国督政府只想让拿破仑继续领军在外，于是拿破仑在1798年4月重返土伦，指挥4万法国陆军在13艘主力舰的护航下奔赴东方。

拿破仑展开这次海上冒险之旅时，英国皇家海军正忙于与法国的新盟友——西班牙和荷兰海军交锋。应该说，18世纪末的西班牙和荷兰拥有仅次于英、法两国海军的强大舰队。随着1796年西班牙选择与法国结盟，英国海军的首要任务便是阻止其与法国人合流。1797年2月14日，英国海军于圣文森特角击溃了试图前往布勒斯特与法国人会合的西班牙地中海舰队；8个月之后，英国海军又深入得克塞尔河，几乎全歼了为法国人卖命的荷兰本土舰队。正是由于英国海军将注意力集中于英吉利海峡附近，最终令拿破仑一路畅通无阻。法国远征军先是扫荡了归属于宗教组织圣约翰骑士团①的马耳他岛，随后大张旗鼓地在亚历山大港登陆。

在阅历了千年风沙的金字塔旁，拿破仑的军队大胜数百年来被西方视为亚洲劲旅的马穆鲁克骑兵。不过，就在拿破仑雄心勃勃占领开罗，冲向叙利亚之际，尼罗河入海口传来了法国舰队被纳尔逊全歼的消息。

---

① 也被称为“马耳他骑士团”“医院骑士团”。——编者注

阿布基尔是距离亚历山大港 23 千米的一个小渔村，1798 年 8 月 1 日，纳尔逊率领的英国地中海舰队就在此处发现了法国舰队。当时，天色已经接近黄昏，法国舰船大都停泊在一片浅滩旁边，一边靠沙滩，一边倚着海岸，正好堵在航道上，使得敌舰无法插入。

英国舰队在尼罗河口的阿布基尔港偷袭法国舰队

据纳尔逊分析：航道起码要留下首舰转弯的空间。当时海战都有一个规定，就是夜间尽量避免作战，因为交战双方都没有可靠的手段进行瞄准和完成战术动作，夜战的结果往往是自身的误伤大于战果。但纳尔逊打破了这个惯例，他下令一部分英国舰船从浅滩和法国舰船之间的空隙中插入，与法舰面对面炮战。法国舰队完全没想到纳尔逊居然如此行险，被打了个措手不及。法舰的仓促还击根本无法对英国舰只造成什么威胁。英国舰队除 5 艘战舰进行内侧穿插外，其余 9 艘战舰在外则对法舰进行炮击，形成夹攻之势。随着炮声隆隆，法国舰队被击中而燃起的大火将黑夜烧成了白昼。双方战斗到了晚上 10 时，法国舰队司令的旗舰“东方”号被击中并熊熊燃烧，这艘战列舰的性能非常强大，它装备有 120 门大炮，体积也最为庞大。但英国人从英西战争起，似乎就擅长打这样体积庞大的战列舰。最终，“东方”号上燃烧的火焰引燃了火药库，导致全舰发生大爆炸。爆炸将破片掀上天空，法国舰队司令布律埃斯当场阵亡。

由于航道狭窄，法国战舰一直处于被动挨打的境地。此战一直从黄昏打到第二天白昼，阿布基尔湾内到处是法国战舰残骸。13 艘法国战列舰最终有 2 艘被击沉，9 艘被俘，只有 2 艘侥幸逃脱。

应该说为拿破仑护航的法国舰队实力不俗，加上海岸炮台的掩护，足以与纳尔逊所统率的英国海军一战。但是，拿破仑在地面战场的势如破竹，多少令其海军同僚有些麻痹大意。当纳尔逊在临近黄昏发动攻击时，许多法国船员还在岸上放假。纳尔逊轻松地顺流而下，集中火力逐舰攻击，才导致法国舰队几乎全军覆没。就在 2 天前，拿破仑还为自己在埃及的全面胜利而得意洋洋，顷刻之间，法国埃及远征军便成了一支孤军，被甩在了埃及。以至拿破仑只能自嘲道："咱们要么留在这里，要么就得创造出古希腊、罗马人那样的丰功伟绩才行。"此役，英国海军在纳尔逊的率领下可谓是大获全胜，英军仅阵亡了 218 人、伤 677 人，而法军伤亡则十倍于此。但历史的幽默在于，此役法国海军几乎毫无还手之力，纳尔逊居然也被流弹击中了头部，这似乎预示着他在特拉法尔加海战的最终命运……

1799 年 8 月，拿破仑冒险从埃及的亚历山大港偷渡回国。由于地中海此时已是英国海军的天下，手握重兵的拿破仑也只能轻车简从，数万名法国远征军被交由拿破仑的副帅柯莱柏指挥。应该说柯莱柏继承了拿破仑在埃及的全部家当，甚至包括他被称为"法兰西埃及艳后"的小情人——宝林弗里斯。但远离本土、缺乏后援的困境，还是令柯莱柏在组建法国自己的马穆鲁克骑兵部队之余，积极谋求与英国和奥斯曼土耳其帝国单独媾和。

拿破仑发动"雾月政变"

生性浪漫的法国人在谈判桌上向来不是近邻英国人的对手，柯莱柏自然也不例外。在得到了准许法军撤回本土的许诺后，柯莱柏轻易地放弃了重镇开罗，但撤出坚城的法军随即遭到了对手的海陆绞杀。如梦初醒的柯莱柏虽然展开了反攻，但在痛失先机的情况下，法国远征军最终回天乏术。在拿破仑弃师回国的两年之后，据守亚历山大港的法军最终举起了白旗。

不过，就在此前柯莱柏战死埃及的1800年6月14日，执掌法国政权的拿破仑于意大利的马伦哥大败奥地利军队，第二次反法同盟已呈现分崩离析之态，英国人也不敢太过为难放下武器的法国军队。最终，拿破仑的东方远征军中有近26 000人安全地返回了自己的家园。

拿破仑之所以能够成功瓦解欧洲列强的联盟，得益于法国国内的政治局势。因不断丧师丧土，巴黎民众对腐败无能的督政府充满了厌恶。因此拿破仑回到法国后，非但没有被视为临阵脱逃的懦夫，反而得到了救世主降临般的欢呼。在政坛权贵西哀士、巴黎大银行家巴洛等人的支持下，1799年11月9日，拿破仑率军控制了督政府，是为“雾月政变”。

“雾月政变”虽然名曰“政变”，但对于督政府而言，除了拿破仑赶走自己的老领导巴拉斯这一变动，并无其他影响，其职权反倒扩大了。因为就在控制督政府的第二天，拿破仑就以武力驱散了国民议会。至此，出任第一执政的拿破仑大权在握，可以调动更多的资源用于对外战争。1800年春季，拿破仑已经在第戎集结了一支新军，经瑞士的群山重返意大利战场。日后脍炙人口的油画《拿破仑跨越阿尔卑斯》，便以这段长途奔袭为蓝本绘制。

纳尔逊与汉密尔顿夫人在西西里

不过，真正引发英、法两国最终相互指责的反倒不是那些核心利益区域，而是地中海的小岛——马耳他。拿破仑远征埃及时顺手攻占了马耳他岛，但是岛上的居民却对法国人并不买账。恰逢纳尔逊在尼罗河重创法国海军，马耳他民众随即揭竿而起。在那不勒斯养伤的纳尔逊也随即指挥英国皇家海军对这座小岛展开封锁。法国驻军本就孤立无援，此时只能乖乖地缴械投降。不过，拿破仑的陆军随后便将那不勒斯占为己有，纳尔逊只能保护着那不勒斯王室和英国大使汉密尔顿夫妇逃往西西里。

据说，由于在那不勒斯养伤期间，汉密尔顿夫人对纳尔逊的照顾无微不至。两个人的感情很快由昔日的露水情缘升华为相濡以沫的爱情。奇怪的是，汉密尔顿先生竟对自己妻子红杏出墙不闻不问。在西西里岛期间，他们三个人同住一个屋檐下，倒也其乐融融。但世人显然无法包容这段惊世骇俗的感情，很快，纳尔逊“男小三”的骂名不胫而走。

为了维护英国皇家海军的颜面，英国政府选择将纳尔逊和汉密尔顿夫妇召回国内。不过由于海军部拒绝派军舰接纳尔逊回国，这奇异的三口之家只能假道巴尔干半岛。他们先拜访了维也纳，随后沿易北河抵达汉堡。原本出于遮丑目的的召回，结果成了大半个欧洲的谈资，英国国王乔治三世的愤怒自然可想而知。不过，英国民众对纳尔逊还是致以英雄般的欢迎。

回到国内之后，纳尔逊和汉密尔顿夫人的感情丝毫没有降温的趋势，他反倒提出了与自己长期分居的妻子法兰西斯离婚的请求。海军部无法干涉纳尔逊的私生活，只能想方设法地安排纳尔逊出海作战。此时英国虽然与法国媾和，但在波罗的海方向与沙皇俄国龃龉不断。针对英国对欧洲海上贸易的粗暴干涉，俄国与普鲁士、瑞典、丹麦组成了“武装中立同盟”。

伦敦方面对这个同盟并不陌生，美国独立战争中，正是莫斯科打着“武装中立”的旗号，率先打破了英国对北美的禁运，最终导致英国的镇压行动功败垂成。正所谓“是可忍，孰不可忍”，英国政府决心以武力摧毁这个同盟。纳尔逊此时也憋着一股劲，于是高调提议直捣俄国海军主力所在地塔林。好在英国本土舰队指挥官海德·帕克比较理性，英国海军最终选择向丹麦海军开刀。

实力上的悬殊差距，令1801年4月2日的哥本哈根海战成了英国海军单方面的施暴。在丹麦海军主将已经焚毁旗舰逃亡的情况下，担任先锋的纳尔逊杀性正旺，竟然不顾海德·帕克停火的要求，准备炮击丹麦首都的市区。他还颇为嚣张地公然抗命说：“我只有一只眼——有时失明是我的权利。”好在英国海军还未传染上纳尔逊的疯狂，最终还是与丹麦达成了停火。由于此时俄国正陷于保罗一世猝死的皇位更迭期，因此哥本哈根海战最终起到了敲山震虎的作用，“武装中立同盟”随即瓦解。

纳尔逊在战场上的表现令英国海军上下都对其敬畏有加。为了安抚这个刺头，英国政府先是让他阵前接手了海德·帕克的指挥权，随后又册封他为“诺福克郡希尔伯勒及尼罗河男爵”。随着《亚眠协定》的签署，功成名就的纳尔逊终于迎来了19个月的快乐时光。在这段时间里，纳尔逊与自己的发妻正式离婚，不久，汉密尔顿爵士也以72岁的高龄卒于伦敦。如无意外，已经生育了一个私生女的汉密尔顿夫人似乎终于可以与纳尔逊结为伉俪。但突如其来的战争却最终令其天人永隔。

拿破仑最终称帝，走向了他的人生巅峰

应该说英国与法国之间所谓的和平不过是一场短暂的停火而已，拿破仑利用这段时间理顺了法国长期纷乱的政局，于1802年正式修改宪法，出任无冕之王——“终身执政”。与此同时，法国海军也到处搜罗和新建战舰。1803年5月18日，英法之间关于马耳他岛最终归属的谈判以破裂而告终，拿破仑随即以宣战相威胁，甚至大言不惭地表示：“他们想我们跳过去，我们就跳过去。”不过，法国人虽然在英吉利海峡一侧集中了2000艘运输舰，但港口的疏浚和扩建却不可能一蹴而就。即便在最理想的气候条件下，法国陆军的两栖突击也必须分两个波次完成，而期间相隔的12个小时将会成为英国人将拿破仑大军各个击破的绝佳机会。

与法国海军相比，英国海军是可畏的。到1803年1月，它拥有第一线战列舰30艘，为它们提供支援的有86艘巡洋舰和“50门炮船”。此外，预备役中有战列舰76艘、巡洋舰和49艘炮船。而拿破仑那屡遭重创的法国海军只剩下23艘战列舰和25艘巡洋舰，此外还有17艘中型巡洋舰，双方实力上的差距可以说是显而易见的。因此，拿破仑发动了几乎全欧洲的船厂为法国建造战舰，准备一口气建造2000艘舰船。上位者没有考虑实际情况而一味地大干快上，导致舰船设计方面出现严重失误。负责设计舰船的设计师仅考虑了舰船的最大装载量，却并未考虑舰船的适航性，以至于造出来的舰只基本是平底船，根本无法对抗激流风暴；与其说是军舰，不如说是大吨位的载货船更为贴切。这样的失误是致命的，所谓海战的物质基础便是舰只的性能，法国可以说输在了起跑线上。

为了防御拿破仑可能的入侵，乔治三世不得不请小皮特①出山主持大局，曾一度被视为“和平首相”的阿丁顿此时则成了庸医的代名词。而令小皮特颇感庆幸的是，由于拿破仑在德意志诸邦中的招降纳叛，奥地利对其充满了反感。1805 年 7 月，第三次反法同盟宣告成立。不过，此时的拿破仑敢于在自己的加冕典礼上，公然以自戴皇冠向整个欧洲挑衅，自然不惧对手的来势汹汹。针对奥地利、俄国联军先合围意大利北部的法国驻军、再进军法国本土的计划，拿破仑亲率 20 万大军掩师东进，先于多瑙河畔的乌尔姆成功围歼了奥军主力，随后轻松攻占了维也纳。

多佛尔海峡边的布伦兵营是法国入侵英国的前进基地。法军在那里操练军队，调拨给养，并搜罗各类船只，一副渡海攻打英国的架势。新加冕的法国皇帝拿破仑扬言：“只要下 3 天大雾，我就可以成为伦敦、英国议会和英格兰银行的主人。”到了 1805 年，法国已经拥有战列舰 103 艘，其他各类战舰 600 ~ 700 艘。

1804 年 12 月，西班牙政府与法国结盟，并对英国宣战。法国和西班牙海军主要集中在土伦、卡塔赫纳、加的斯、费罗尔和布勒斯特等港口，每个港口有 5 ~ 21 艘战列舰，并且受到岸上要塞大炮的保护。英国海军对港口中的法舰无能为力，于是编成了 9 支分舰队在北海、地中海以及比斯开湾等地封锁巡逻。英国的计划是死死将法国舰队封在港口中，万一没封住，那就全体舰队集中于多佛尔海峡西口，扼守海上咽喉，阻截任何敢于入侵的法国舰队。

拿破仑无疑是当时欧洲首屈一指的战略机动大师，但他的才华仅局限于地面战场。就在拿破仑于莱茵河、多瑙河之间纵横驰骋的同时，他谋划的一场海上会战却以悲剧而告终。拿破仑的如意算盘是：集结于土伦的法国海军先行西进，突破英国舰队的封锁，从地中海前出大西洋。然后先解救被英国

① 即小威廉·皮特，英国著名政治家。——编者注

人封锁于卡塔赫纳和加的斯港的西班牙舰队，再大摇大摆地开往大西洋彼岸的西印度群岛，大肆骚扰英国在西印度群岛的殖民地。法国海军在那里将与另一支来自布勒斯特的分舰队会合，然后重新开回欧洲海域。按照拿破仑的预期，此时英国海军已经奔赴西印度群岛支援，本土防御薄弱。集中优势兵力的法国海军应该能夺取英吉利海峡的制海权，掩护法国陆军完成一次史诗般的两栖突击。到时候云集在荷兰、比利时和法国西部港口的千百艘平底船，将运载拿破仑大军渡过海峡，在英国本土登陆。英国陆军当然不可能是欧陆无敌的法军的对手，英国首都伦敦可以一战而下。

拿破仑的这一计划可谓是其地面战中“声东击西”谋略的延续，但从未指挥过海战的他显然忽视了长途奔袭对舰艇和水手状态的影响。1805 年 1 月，法国海军将领米西赛首先突围而出，杀往西印度群岛。紧接着，皮埃尔·维尔纳夫的舰队也开出土伦港。纳尔逊的舰队负责地中海防务，他错误地判断法国人要去埃及，这是他常年在地中海服役，战略眼光只限于自己的战区造成的。因此，纳尔逊率领舰队直扑埃及的亚历山大港，却并未找到敌人，之后又转航马耳他岛，也同样扑空。可以说，英国人的战略误判差点葬送整个战役，但老天帮了他们的忙。地中海的风暴将维尔纳夫的舰队堵回了土伦，使得其丧失了声东击西的突然性。等 1805 年 3 月维尔纳夫再度出航时，纳尔逊已经率领舰队在地中海的蜂腰部等着他了。不过，维尔纳夫的运气也不错，他率领法国舰队顺利地穿越直布罗陀海峡，到达西班牙的加的斯港。维尔纳夫海军上将是阿布基尔海战中极少的生还者之一，因此他对纳尔逊畏之如虎。维尔纳夫抵达加的斯港后，一天都不愿多待，只用信号通知港内的西班牙舰队后，就立刻扬帆杀向西印度群岛。

纳尔逊在地中海左等右等也等不到法国舰队，就将舰队西移到直布罗陀。到了那边，纳尔逊才知道法国舰队早在 1 个月之前就跑去西印度群岛了。勇猛无比的纳尔逊听闻这个消息之后，立刻率领 10 艘战列舰和 3 艘巡洋舰跨过大西洋，追击早已远走的法国舰队。说实话，这个行动也是非常严重的战略误判，就连当时英国海军的基层将领都表示不可理解，因为拿破仑的渡海大军就在布伦热火朝天地准备，此时此刻防御英吉利海峡才是重点，而并非去追击一支远在西印度群岛的法国舰队。但纳尔逊却并没理会部下的意见，执意要率领舰队消灭这支法国舰队。英国海军部得知维尔纳夫舰队驶向西印度群岛，但却不知纳尔逊的行动，于是又派柯林伍德中将率 11 艘战舰出发追击。当柯林伍德在途中偶然遇见一队英舰，才知道纳尔逊已在追击中。假使这个偶然事件未发生，英国就会有 21 艘战舰和 3 艘巡洋舰参加这场追逐战。拿破仑用谋略将英国原先堵截法国舰队的计划变成了一场大海捞针的行动，可以说在战略上，拿破仑实际上是成功的。

5 月 14 日，维尔纳夫到达西印度群岛的马提尼克，但由于风暴的影响，另外一支法国分舰队却没在那里等他，而是自顾自地返回法国的罗什福尔港。拿破仑不想再延迟，他已于4 月 29 日派马格仑少将率领2 艘战舰渡过大西洋，把一份命令送达维尔纳夫。命令中规定，后者在接到这份命令之后，应在西印度群岛停留 35 天，拖住纳尔逊的舰队。假使没有法国舰队来与他会合，即应返航接出被封锁在费罗尔和布勒斯特的舰队，最后集中兵力进入英吉利海峡，开往布伦。

维尔纳夫接获命令仅两天，便得知纳尔逊已经于6 月 4 日杀至西印度群岛的巴巴多斯。维尔纳夫深深畏惧这个勇猛无比的英国海军战将，因此不顾拿破仑的将令，于6 月 10 日率舰队返回欧洲。而纳尔逊也尾随其后，追过大西洋。

法国海军将领皮埃尔·维尔纳夫虽然成功地完成了这次远航，也骗过身为英国地中海舰队司令的纳尔逊，但英国海军良好的舰船性能和训练有素的水兵，最终弥补了战略上的误判。纳尔逊的舰队只用24 天便完成了横渡大西洋的往返航程，基本赶上了早出击 1 个月的维尔纳夫舰队。同样是经历了大西洋风雨的洗礼，纳尔逊舰队又马不停蹄地往来于直布罗陀和英吉利海峡寻找战机；而维尔纳夫麾下的法西联合舰队，却不得不丢下 3 艘受损的战舰和 1200 名病号，一头扎进港口休整。

英国海军部自以为搞清了法国人的意图，以为维尔纳夫要接出被英国舰队围困在大西洋各个港口的法西战舰。英国人判断，如果让法国人会合，其兵力将严重威胁集结在英吉利海峡的英国舰队。而当英国海军部长巴尔汉勋爵接到维尔纳夫舰队向比斯开湾行驶的报告后，立即命令负责封锁英吉利海峡的康华里思上将解除对罗什福尔等港口的封锁，将舰队集中起来，以阻止维尔纳夫的企图。于是，除布勒斯特和西班牙的加的斯港外，法、西两国其他港口的封锁都被解除了。拿破仑的战略目标已经实现了一大半。

如果维尔纳夫可以集结法国与西班牙的所有军舰，那么法西联合舰队在数量上将占据上风。但现实又给了维尔纳夫重重一击，他本就畏英国舰队如虎，结果到了7月22日，率领联合舰队北上的维尔纳夫突然遭遇了一支英国舰队。这是封锁比斯开湾的英国海军上将考尔德爵士的一支只有15艘战舰的舰队。维尔纳夫率领20艘战列舰与这支英国人的分舰队打了一仗，战场在西班牙西北的菲尼斯特雷角。结果，在实力占据优势的情况下，法西联合舰队居然被英国海军这支弱旅打得有2艘军舰举白旗投降。此战法军虽然损失不大，却让维尔纳夫彻底丧失了与英国人对抗的勇气。法西联合舰队的战斗力实在太差，以至于维尔纳夫在日记中说：

在浓雾中，因为我方舰长对战斗和舰队战术完全缺乏经验，除了紧跟前面的船只，并无其他良策……

之所以出现这种情况，主要是因为联合舰队长年被封锁在港口里，无法操演并获得实战经验的缘故。维尔纳夫在此战之后，可以说对未来的战斗彻底丧失了信心。其实说实话，拿破仑也并未对己方舰队的战斗力抱有太大的希望，他的所有构想都是将陆军送上英伦三岛的陆地，而不是在大洋中战胜英国人。但让拿破仑没想到的是，他苦心积累出来的庞大舰队，连掩护法国陆军登陆都做不到……

此时，拿破仑的重兵集结于布伦，就等着维尔纳夫率领舰队进军英吉利海峡。于是，他下令维尔纳夫与罗什福尔和布勒斯特的两个分舰队会合，之后北上，朝着爱尔兰和苏格兰方向前进，再会合荷兰舰队一起进攻英吉利海峡；若形势不利，那么维尔纳夫也不能待在费罗尔港，而应该南下直布罗陀附近的加的斯港。不得不说，拿破仑任命维尔纳夫为舰队总指挥实在是所托非人。维尔纳夫将被打坏的3艘军舰留在费罗尔港之后，开始前往罗什福尔和布勒斯特，但实际上，此时的维尔纳夫如惊弓之鸟，一路上对纳尔逊提心吊胆。他对拿破仑的命令根本不以为然，一心想去加的斯港避风头。就在去罗什福尔和布勒斯特的途中，维尔纳夫发现远方有一支分舰队，便顺水推舟地南下加的斯港。他没有想到，这支舰队恰恰是法军的罗什福尔分舰队。维尔纳夫居然被友军给吓跑，也算是在世界海战史上留下了一个大笑话。当时如果维尔纳夫不逃跑，而是与罗什福尔分舰队会合，法军在实力上便能压倒英军；就算不能完全控制制海权，至少也能牵制英军无暇他顾，为拿破仑大军登陆创造机会，可是维尔纳夫丧失了最后的时机。此时还懵然不知的拿破仑再次向其下达了命令：

起航！不要浪费一分钟，率领我集中的兵力进入海峡，英国就是我们的了，我们的一切都已准备就绪。你只要出现24小时，则一切都可完结。

最终，老天并未给拿破仑征服英国的机会。就在8月3日，拿破仑接到两个至关重要的情报：一是维尔纳夫舰队并未抵达布勒斯特；二是俄军已经出发，准备与奥军会师。拿破仑立即意识到情况的危险性——法国面临着强敌的陆上进攻。于是，在1805年9月2日，拿破仑终于对登陆英国不再抱希望，将布置在布伦的大军转向莱茵河，把没能发泄在英国人身上的怒火发泄到了维也纳的哈布斯堡王朝身上。

8月20日，维尔纳夫的舰队进入加的斯港，当时封锁该港的英国舰队不过只有3艘战列舰。过了不久，英军获得了一支分舰队的支援，军舰增加至25艘，从实力上看还是不如维尔纳夫舰队。但维尔纳夫足足浪费了1个月之久，始终不敢与英国舰队交战。

维尔纳夫自以为在加的斯港可以获得梦寐以求的安全，但实际情况却远超其想象。他的舰队没有资金，更没有后勤补给，连舰队必需的粮食与供给品都接济不上。整个舰队的病患多达2000人以上。由于维尔纳夫率领的是法国与西班牙的联合舰队，因此法国人与西班牙人之间也是矛盾重重，以维尔纳夫的管理水平根本无法化解。而另外一边的纳尔逊，却在短期休整之后再次乘坐自己的旗舰出海。他于9月28日杀奔加的斯港，再次成为英国舰队的总指挥。

纳尔逊可以说是一位老资格的英国皇家海军将领，他12岁就登舰参加海上战斗，当过各种类型军舰的舰长，在印度洋、加勒比海与波罗的海常年航行与战斗，可以说是一个彻底以大海为生的男人。纳尔逊也可以说是英国最优秀的年轻海军将领，在英勇作战以及战术创新方面无人能出其右，但过于英勇的作战风格也让其付出了血的代价——他在作战中失去了一条手臂和右

纳尔逊画像

眼。但纳尔逊并不想改变这一风格，可以说他最终的阵亡也与此息息相关。

1805 年 9 月 29 日这天正好是纳尔逊的生日。当时纳尔逊将麾下所有舰长都召集到自己的旗舰上庆祝，并将其思考多日的新战术和盘托出，与众人共同参详。纳尔逊的新战术主要是将整支舰队分为两队，一队插入敌方舰队的中央和前卫之间，对敌方中央队列发起攻击，并承受敌军的绝大部分火力；另外一队则猛攻敌军的后卫，并寻机歼灭敌人的旗舰，让敌军全体失去指挥。这个战术可以说非常冒险，因为执行穿插任务的每艘军舰都处于敌人的包围之下，很容易被集中火力击沉。可在场的英军舰长们却毫无畏惧，纷纷表示："只要抓住敌人，就能让他们好看！"纳尔逊这个战术的精髓，便是当英国海军战舰穿插至敌舰队列中后，单舰便可以发挥出两倍的火力。而敌舰则只能用一侧舰炮射击，队列被穿插后更是被动。因此纳尔逊即便以少打多，也可以获得火力上的优势，从而获得最终的胜利。不过，从英国各舰长的反应看，就算纳尔逊没有发明新战术，依靠勇猛无畏的作战精神，最后获得胜利的也必然是英国人。

相对于英国舰队的胸有成竹，维尔纳夫这边的情况可谓一团乱麻。他作为一个法国的海军将领，比纳尔逊小 5 岁，军事素养还算不错，因此在法国大革命中升迁很快。再加上他成功地从纳尔逊的围攻中逃离阿布基尔，被拿破仑所看重，得以指挥如此庞大的一支舰队。但维尔纳夫这个人的性格和水平只适合当一个高级参谋，并没有实际指挥一支庞大舰队的水平。他虽然在军事会议上预料到英军有可能采取穿插切入战术，直接插入法军后卫舰队的阵列来作战，却并没有什么应对措施。他麾下的舰长们士气低落，对维尔纳夫的预测束手无策，谁都想不出克制英舰进攻的办法，仿佛都在听天由命。维尔纳夫也一筹莫展，实在不是一个合格的舰队指挥官。最后他只能说：“如果我方能占上风的话，那就迫近敌人一对一单挑。”这样的应对简直就是在开玩笑！连拿破仑都不得不承认自己用人上的失败。在8月22日，拿破仑就写信给海军部长德克雷：

我认为维尔纳夫连指挥一艘快速炮帆船的资格都没有。他是一个既无决断能力又无魄力胆量的人。

特拉法尔加大海战

畏首畏尾、坐失良机的维尔纳夫迫使拿破仑放弃了侵英的计划，但后者并不想看这支庞大的舰队在加的斯港内混吃等死，因此他对“可怜的维尔纳夫”（这是拿破仑对他所加的评语）下达了一项新的命令，要他从加的斯出发，在意大利的那不勒斯一带完成牵制性运动，然后回到土伦休整舰队。也就是让维尔纳夫去地中海打打游击，带英国舰队兜一圈，然后返回法国土伦结束征途。可就算这样的命令，维尔纳夫也未能妥善执行，法西联合舰队几次出海都未成功，不是没有风就是被大风暴刮回港，以至于他在港口中再次停留了10天之久。维尔纳夫的无能最终换来了拿破仑的调令。拿破仑命令海军部长德克雷撤换维尔纳夫，以海军上将罗西里来替换他。提前获得这个消息的维尔纳夫暴怒不已。维尔纳夫是一个法国贵族出身的海军将领，他虽然在大革命时期因为支持革命而发迹，但他依然保留了法国贵族的习气。维尔纳夫在写给德克雷的信中，预料联合舰队必然惨败，称他最大的恐惧不是战败，而是因此成为全欧洲的笑柄。拿破仑的调令深深地打击了维尔纳夫，因此，他决定在新任司令到来前率舰队冲出加的斯港。

所谓“主不可怒而兴兵，将不可愠而致战”。法西联合舰队从维尔纳夫这个主帅到旗下的舰长们，甚至还有水手都很不成样子。可以说，维尔纳夫冲出港口纯粹就是一种赌气式的选择，他满脑子只想着不能当全欧洲的笑柄，却完全没想过一旦战败，法国便会失去与英国争霸海权的最后机会，从此再也无法威胁英国本土了。

1805 年 10 月 20 日，维尔纳夫率舰队冲出加的斯港，通过直布罗陀海峡前往地中海，配合拿破仑在意大利的军事行动。法西联合舰队的动向很快便被一直虎视眈眈的英国舰队发现，纳尔逊随即发出了“全面追逐”“敌舰已在海上”等信号，率领舰队穷追不舍，一直跟踪了一整夜。法西联合舰队最终在接近直布罗陀海峡的特拉法尔加海域被追上。实际上，维尔纳夫冲出加的斯港，还是抱着不与纳尔逊交战的想法，想凭借突然行动甩开英国舰队，抵达意大利。但维尔纳夫也不想想，凭他手下那帮舰长的素质，就算比操船技术，又怎能是英国人的对手？最终他还是没能逃过一劫。到了 10 月 21 日拂晓，双方舰队距离只有 12 海里，决战一触即发。纳尔逊发出“成两个纵队前进”“备战”等信号。而维尔纳夫见风力微弱，知道无法逃脱，因此下令舰队调头编队。于是，19 世纪规模最大的一场海战——特拉法尔加海战即将打响。

从海上实力上看，战斗双方实力差距并不大，法西联合舰队当时有战列舰 33 艘，其中 1 艘为当时最大的四层甲板战列舰“三叉戟”号，3 艘为三层甲板战列舰，其余 29 艘为两层甲板战列舰；此外还有 7 艘巡洋舰。战列舰中有 18 艘法国的，15 艘西班牙的。装有侧舷火炮 2626 门，共载官兵 21 580 人。

英国舰队原本拥有 33 艘战列舰，由于派路易少将组织马耳他护航舰队，因此调走了 6 艘。余下的 27 艘战列舰中，7 艘是三层甲板战列舰，其余 20 艘为两层甲板战列舰；此外还有 4 艘巡洋舰和 2 艘辅助船。侧舷火炮合计 2148

门，官兵 16 820 人。

不过，上述数据也仅是纸面上的。从数字上看，似乎法西联合舰队实力并不亚于英国舰队，但实际上，英国舰队不论在士气、官兵素质还是战术指挥上都遥遥领先。法西联合舰队虽然炮多，但他们常年被封锁在港口之中，因此作战技术非常生疏，更加缺少实战的机会。英国舰队则完全不一样，他们大都使用加农炮，它因打击效果出色而得名“粉碎者”。加农炮有一个后坐力滑板，使得炮口可以升高，也可以大角度旋转，非常灵活。而且英国舰队的炮手长年在海上操练炮术，射击速度比敌人要快一倍。因此法西联合舰队即便纸面上略有一些优势，但真实实力完全不是英国舰队的对手。

维尔纳夫在上午 8 时发出信号，命令全部舰队转向，主要想法是让加的斯港处于下风位置，以便使被击毁的船只有一个避难之地，但这简直是未开战先示弱的无能指挥。这个命令不但导致法西联合舰队打乱了早已排列好的队形，让舰队队列出现很多缺口，还让很多官兵产生了“打不过就可以逃回加的斯港”的想法，因此无心恋战。

就在法西联合舰队忙着掉头的时候，纳尔逊指挥英国舰队赶了过来。英国舰队按照既定战术，分为两个纵队：上风纵队由纳尔逊指挥，因担心维尔纳夫率舰队逃回加的斯港，纳尔逊调整了纵队战术目标，由从敌舰队前卫与中央队列之间穿过，改为插入敌舰队前卫中段。下风纵队则由柯林伍德指挥，负责向敌人后卫部分前段进攻。纳尔逊当时给所有做好战斗准备的英国军舰发出了一道著名的通令——“英格兰期盼所有人恪尽职守”。

特拉法尔加大海战在纳尔逊发出通令的那一刻，终于拉开了序幕。战斗由三个阶段组成：首先是柯林伍德发起攻击，之后是纳尔逊的突入攻击，最终是法将杜马罗尔的反攻失败。

交战双方好像是一致行动似的，都升起各自的国旗。在英国、法国和西班牙三国的军舰上鼓乐齐鸣，士兵们举枪敬礼。

上午 11 时 30 分，柯林伍德一马当先，率领分舰队横向插入法西联合舰队半月形阵线的后段。维尔纳夫发出了“开火”的命令。11 时 45 分，法舰“弗高克斯”号射出了第一炮，这是以柯林伍德的旗舰“王权”号为目标的，这时双方相隔尚远。

当“弗高克斯”号向“王权”号开炮时，“王权”号仍继续保持航向。在半个小时的时间里，抵进的英舰只能用舰首火炮还击。但法西联合舰队未能抓住机会，他们的侧舷火炮命中率较低，未能粉碎英舰的行动。柯林伍德的纵队终于与法西联合舰队的阵列相遇，“王权”号切进了法舰“弗高克斯”号和西班牙战舰“圣安拉”号之间。“王权”号用左舷炮轰击“圣安拉”号的艉部，使之遭受重创，接着又向“弗高克斯”号发射右舷火炮，此后又驶近“圣安拉”号的右后段向它射击。不久，柯林伍德发现他周围都是敌舰，“王权”号遭到了包括“圣安拉”号、“弗高克斯”号、“不屈”号等舰的集中攻击。经过40分钟的猛烈轰击之后，“王权”号已变成了一个无法控制的空船壳，甲板上死伤狼藉，存活者寥寥无几，最终只得由英军巡洋舰“欧亚拉斯”号拖曳着行驶。而同样的，双方战斗到下午2时20分，承受了“王权”号绝大部分火力的西班牙战舰“圣安拉”号也完全丧失了战斗力，乘员战死104人，伤236人，被迫降旗投降。“圣安拉”号的指挥官阿尔法海军少将此时已是垂死阶段，英国人发扬了自己的骑士风度，舰长布莱克伍德上校跃上浸透鲜血的“圣安拉”号，将垂死的阿尔法海军少将运至“欧亚拉斯”号上。

特拉法尔加海战中使用的加农炮弹

柯林伍德分舰队的阵列中，每艘战舰间隔大约370米，因此在“王权”号出战8分钟后，英舰“贝里岛”号也从“弗高克斯”号的后面切入敌阵。和“王权”号一样，它立即被几艘敌舰包围。“贝里岛”号主桅被炸断，有段时间连一炮都发射不出来。虽然如此，这艘战舰上的水兵们仍将军旗钉到后桅杆上，继续不屈地奋战，最终被3艘英舰救出。

在“贝里岛”号发起攻击一刻钟之后，“火星”号也投入了战斗。后面的每艘英舰都以这种方式分别插入敌阵。这些英国军舰从敌舰首尾相连的阵形中穿过，一边突击一边用两侧的舷炮喷洒凶猛的火力，以至于每艘敌舰都承受了密集的炮弹“洗礼”。当柯林伍德下风纵队的最后一艘战列舰“亲王”号投入攻击时，已经是下午3时，此时战斗已经接近尾声，英军士气高昂，火炮射速与命中率都占上风。在近距离互射时，英舰的“粉碎者”加农炮的威力比联合舰队的大炮强得多。在激战中，虽然英舰总是陷入被围攻的境地，但承受的打击尚不致命。而与柯林伍德交战的15艘联合舰队战舰中，有10艘被俘，1艘被击沉，逃走的只有4艘，其中有1艘为西班牙旗舰“奥国王子”号，上面载着垂死的西班牙海军将领格拉维拉，可见双方的交换比有多么惊人。当然，这与战术克制也有极大的关系：法西联合舰队的战舰是首尾相连，因此面对横向插入队列的英舰，能够对其开火的只有舰首大炮和舰尾大炮，这两处火炮数量显然远不如侧舷炮多。因此，联合舰队不但火炮威力比不上英舰，在战术上也处于下风。

在柯林伍德的下风纵队与敌交战25分钟后，纳尔逊的上风纵队也投入了战斗。与前者不同，它始终保持不规则的鱼贯形队列。纳尔逊亲乘旗舰“胜利”号，率“提米莱尔”号、“海王星”号等三层甲板战列舰向联合舰队的前卫中央挺进。下午12时24分，“胜利”号的左舷炮开始射击。交火不久，纳尔逊便指挥“胜利”号和“提米莱尔”号向右转向，试图寻找维尔纳夫的旗舰。虽然“胜利”号上的所有望远镜都投入了搜寻，但仍一无所获。这让纳尔逊非常失望，他极为渴望与维尔纳夫来一场旗舰与旗舰之间的决斗，却未能如愿。

没能找到维尔纳夫的指挥旗，纳尔逊便指挥“胜利”号前行攻击“三叉戟”号。它可是法西联军最大的一艘战舰，因此，纳尔逊认为维尔纳夫可能在这艘罕见的四层甲板战列舰上。当“胜利”号与“三叉戟”号激战之际，“胜利”号上的一名观测兵发现在该舰后方有一艘法国两层甲板战列舰，虽然其貌不扬，但它的前桅上挂着总司令的将旗，它就是“布森陶尔”号。纳尔逊非常兴奋，指挥“胜利”号冒着敌人的炮火，驶到了“布森陶尔”号的后方，用其船首的“粉碎者”68磅炮和侧舷火炮向“布森陶尔”号的舷窗猛射。由于两舰距离极近，因此“胜利”号疯狂输出的火力瞬间将“布森陶尔”号打得惨不忍睹。英舰“海王星”号和“征服者”号也接近“布森陶尔”号，向其抵近射击。见此舰已被包围，“胜利”号遂向右一转，开始攻击法舰“敬畏”号。

特拉法尔加海战中，纳尔逊中弹的一幕

“胜利”号和“敬畏”号在激战中很快纠缠在一起，由于距离太近，战斗发展到即将进行接舷战的地步。不过，想进行接舷肉搏的主要是法国一方，但由于英国人的步枪齐射导致法军伤亡很大，跳帮的企图也未能得逞。两舰又血战了差不多 1 个小时，仍互相纠缠在一起。纳尔逊亲自在后甲板上与舰长哈迪指挥战斗，却不想从“敬畏”号船桅上射来冷枪。一颗子弹击中了他左肩的肩章，穿入其胸部，嵌在他的脊椎骨上。无畏上将纳尔逊当时便扑倒在甲板上，水兵们将他抬到后舱抢救时，他说：“他们终于把我解决了。哈迪……我的背脊骨已经被射穿了。”之后，纳尔逊一直平静地躺到战斗结束。下午 4 时 30 分，纳尔逊得知海战胜利的消息后说：“我感到满意。”他亲吻了哈迪舰长，接着说：“感谢上帝，我总算尽了我的职责……”最终撒手人寰。

当“胜利”号与“敬畏”号交战时，英舰“提米莱尔”号驶向前去，对准“三叉戟”号开炮，接着又用侧舷炮向“敬畏”号射击。不久，法舰“弗高克斯”号在同英舰“贝里岛”号交战之后，又转过来协助“敬畏”号，却被英舰“提米莱尔”号紧紧咬住。英舰“海王星”号先向法舰“布森陶尔”号射击，然后再去进攻“三叉戟”号。双方杀得天昏地暗，日月无光，海面上硝烟弥漫、弹雨横飞……

弥留中的纳尔逊

一个半小时后，法西联军最强的战舰“三叉戟”号已战死 245 人，负伤 173 人。这艘巨型的四层甲板战列舰再也无法继续战斗，只得降旗投降。对于这艘船上的景象，英舰“海王星”号上的船员巴德柯克说：“我踏上这艘大船去收容俘虏，其死伤人数为三四百；到处都是血肉，后甲板上挤满伤兵，有的没有脚，有的没有手。”

英舰“不列颠”号接着也跟上来了，后面是“巨人”号和“征服者”号，后续两舰夹击“布森陶尔”号。下午 2 时 5 分，维尔纳夫终于坚持不住，下令“布森陶尔”号降旗投降。维尔纳夫成了英国人的俘虏，他也终于成为自己口中的那个“欧洲的笑柄”。据“征服者”号上的英军上尉记载，在“布森陶尔”号上“到处都是死尸，景象非常凄惨。死伤总数在 400 人以上，多数尸体没有脑袋”。最令人惊奇的是，维尔纳夫本人虽然坚持在甲板上指挥作战，却毫发未损。比起纳尔逊虽然赢得了战斗的胜利却失去了生命，维尔纳夫的运气实在不能说不好。维尔纳夫投降后被送到英国，于 1806 年 4 月获释。但在 4 月 22 日，他就死在了巴黎，胸口有 6 处刀伤，验尸记录上却写着“自杀”。维尔纳夫的尸体当晚即被草草埋葬。有阴谋论者猜测，可能是拿破仑因为他用如此方式葬送了法西联合舰队而派人把他干掉。当然，不论是或者不是，维尔纳夫都会因为这场海战而永远被钉在历史的耻辱柱上。

在“胜利”号开始作战 40 分钟后，英舰“阿贾克斯”号才投入交战，而

“阿加门农”号还要更迟。英舰“非洲”号、“奥利安”号在一度与舰队失去联络后，也都相继赶到参战。当维尔纳夫降旗投降时，纳尔逊纵队中的最后两艘战舰——“米罗陶尔”号和“斯巴尔特”还不曾加入战斗。

特拉法尔加海战实际上到此已经算结束了，但法将杜马罗尔还是率领法西联合舰队的前卫战舰做了最后一波垂死挣扎。杜马罗尔的分舰队原本是法西联合舰队的前卫，当纳尔逊杀入前卫队列的时候，位于队首位置的杜马罗尔已带领部分战舰驶向前方。维尔纳夫命令“各自为战”，杜马罗尔却未率舰投入战斗，而是一再要求维尔纳夫下达具体指示。但维尔纳夫的座舰都已陷入激战，哪有时间精力再去命令他做什么？于是，杜马罗尔分舰队在决定整场海战成败的过程中，几乎都在坐视法西联合舰队失败。一直到下午 2 时，维尔纳夫才命令杜马罗尔支援压力极大的中央区域战斗。此时风却停了，杜马罗尔分舰队竟然无法很快掉头，最后等他的那些战舰好不容易调过头南下时，维尔纳夫已降。于是，杜马罗尔发起了战争史上最绝望的反击：他把 10 艘战舰分为两批，先后投入战斗。结果，第一批 5 艘战舰中，有 4 艘被迫向英舰投降，另 1 艘逃往加的斯；第二批 5 艘战舰中，有 1 艘被迫投降，其余 4 艘向南逃逸，其中包括杜马罗尔的旗舰“恐怖”号。

“胜利”号对掉头逃跑的敌舰进行了一次齐射，以示送行。纳尔逊就在这炮声中与世长辞。

10 月 21 日下午 4 时 30 分，炮声终于停了下来，但弥漫的硝烟、浓重的火药味仍笼罩在战场上空。鲜血染红了海面，有的战舰还在燃烧。整场海战，英军战死 449 人，伤 1214 人；法军战死 3373 人，伤 1155 人；西班牙军战死 1022 人，伤 1383 人。法西联合舰队被俘约 7000 人。法西联合舰队的 33 艘战列舰中，有 12 艘被俘，7 艘完全丧失战斗力，1 艘爆炸沉没，9 艘逃往加的斯，4 艘逃向直布罗陀。当夜幕将垂时，海上风暴大作，一连刮了 4 天。法西联合舰队多数负伤船只沉入海底，包括英军的战利品在内，只有 4 艘例外。而在整场海战和风暴中，英军未损失一艘舰船。

尽管这场发生在特拉法尔加海角附近的战斗仅持续了几小时，但辉煌的胜利仍促使回国报捷的拉皮罗提尔中尉一刻不停地累倒了 19 匹马。海军部这位万分疲惫的信使喊出的第一句话是：“报告！我们获得了一次伟大的胜利，但是却失去了纳尔逊!”关于这位英国海军历史上威名赫赫的统帅最后的遗言，浪漫主义者说是“照顾可怜的汉密尔顿爵士夫人”，虔诚者则说是“为了主和我的祖国”。但无论如何，纳尔逊一生的光辉并不会因他的感情经历而减损。在他的灵柩运回伦敦时，他生前的两位领导——胡德和海德·帕克及好友——威廉·亨利王子亲自为其守灵，可谓风光无比。

特拉法尔加海战是风帆海战史上以少胜多的一场漂亮的歼灭战，也是19世纪规模最大的一次海战。纳尔逊在这场海战中敢于突破陈旧的战斗序列理论，运用灵活机动的战术，使法国和西班牙联合舰队一败涂地。纳尔逊非凡的胆略和高超的指挥艺术，使他成为一代名将而功垂史册，英国朝野为他而深感自豪。纳尔逊的敌人拿破仑对他也是推崇备至，当听到纳尔逊的死讯后，拿破仑当即命令每艘法国军舰都挂上纳尔逊的画像；一是为纪念他，同时也是以他作为法军学习的榜样。这从一个侧面也反映出拿破仑所具有的统帅气质和大将风度。不久，随着蒸汽动力战舰的出现，一个新的时代就要到来了。

英国军事理论家富勒在《西洋世界军事史》中评价道：

无论从哪一方面来说，特拉法尔加海战都是一场值得记忆的经典海战，它对于历史具有广泛的影响。它把拿破仑征服英国的梦想完全击碎了，一百年来的英法海上争霸战从此告一段落。它使英国成为一个海洋帝国，这个帝国维持了一个世纪以上。